Risiko Immobilie

Methoden und Techniken der Risikomessung
bei Immobilieninvestitionen

von
Prof. Dr. Hanspeter Gondring FRICS

R. Oldenbourg Verlag München Wien

Bibliografische Information der Deutschen Nationalbibliothek

Die Deutsche Nationalbibliothek verzeichnet diese Publikation in der Deutschen Nationalbibliografie; detaillierte bibliografische Daten sind im Internet über <http://dnb.d-nb.de> abrufbar.

© 2007 Oldenbourg Wissenschaftsverlag GmbH
Rosenheimer Straße 145, D-81671 München
Telefon: (089) 45051-0
oldenbourg.de

Lektorat: Wirtschafts- und Sozialwissenschaften, wiso@oldenbourg.de
Herstellung: Anna Grosser
Coverentwurf: Kochan & Partner, München
Gedruckt auf säure- und chlorfreiem Papier
Gesamtherstellung: Druckhaus „Thomas Müntzer" GmbH, Bad Langensalza

ISBN 978-3-486-58304-5

Vorwort

Der deutsche Immobilienmarkt entwickelt sich zunehmend zu einem Transaktionsmarkt. Damit verbunden ist die Ökonomisierung der Immobilienwirtschaft, d.h. die Investition in Immobilien erfolgt nach den allgemeingültigen Gesetzen der Ökonomie und der Einsatz betriebswirtschaftlicher Instrumente, insbesondere die der Investition und der Finanzierung, finden immer häufigere Anwendung. Heute und in Zukunft wird derjenige in der Immobilienwirtschaft erfolgreich sein, der das Investitionsrisiko „beherrscht". Werden heute schon Eigenkapitalrenditen von über 10 % bei Immobilieninvestition gefordert, sind entsprechende Risiken bereits als Risikoprämie Bestandteil der Rendite (eingepreiste Risiken oder risikoadjustierte Renditen).

Der Druck auf die Immobilienwirtschaft kommt von der Kapitalseite, die seit jeher mit dem Risiko ihrer Anlagen vertraut ist und weiß, dass es keine in die Zukunft gerichtete Investition gibt, die völlig risikofrei ist. Gerade die Betriebswirtschaftslehre beschäftigt sich seit Jahrzehnten mit dem Problem der Investitionsrisiken und hat dazu eine Vielzahl von Instrumenten entwickelt. Im Kern geht es dabei um die Risikobestimmung und damit die Bestimmung der Risikoprämie, sowie der Risikosteuerung und -kontrolle. Erkenntnisobjekte sind allgemein Investitionen in Sachanlagen und ganz besonders Investitionen in Finanzanlagen.

Das vorliegende Buch widmet sich im Besonderen dem Risiko bei Investitionen in Immobilien, wobei die zentrale Frage zu untersuchen ist, welche Instrumente der Betriebswirtschaftslehre lassen sich mit welchen Veränderungen auf Immobilieninvestitionen anwenden. Es ist unser Anliegen, die Vielfalt der Instrumente zur Risikomessung zu systematisieren und die Zusammenhänge der einzelnen Instrumente aufzuzeigen. Die nachfolgende Übersicht gibt dem Leser einen Gesamtüberblick über die Zusammenhänge und Struktur der Risikomessung:

Übersicht über den Aufbau des Buches:
Struktur und Zusammenhänge der Risiken
bei der Immobilieninvestition

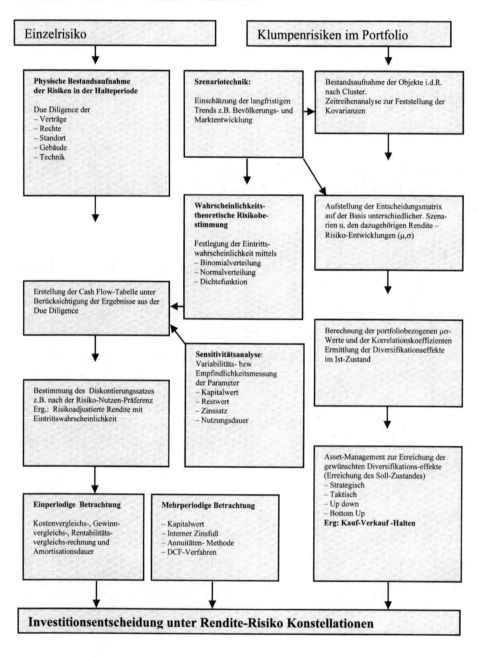

Gleichzeitig werden die einzelnen Instrumente im praktischen Einsatz dargestellt und analysiert. Dazu ist es aber unumgänglich, die investitionstheoretische Basis der Instrumente mitzuliefern, damit das Verständnis und tiefere Bedeutung der einzelnen Instrumente erkennbar wird.

Der Autor stellt eine Datei mit Checklisten und Arbeitshilfen zu diesem Thema unter http://www.oldenbourg-wissenschaftsverlag.de/olb/1.c.1165033.de als Download zur Verfügung.

Eine wissenschaftliche Arbeitsgruppe aus Betriebswirten im Studiengang Immobilienwirtschaft an der University of Cooperative Education Stuttgart hat gemeinsam mit der Immobilienpraxis Methoden und Instrumente sowohl theoretisch als auch in der praktischen Handhabung aufgearbeitet. Die Ergebnisse sind im Studium, in der Immobilienpraxis, aber auch in der Fonds- und Bankpraxis sowie für Wirtschaftsprüfer und Steuerberater verwertbar.

Im Einzelnen gilt der Dank den Mitgliedern der Arbeitsgruppe:

Matthias Bentz

Benjamin Bormann

Barbara Ertle

Moritz Ferner

Jonas Richter

Ein herzliches Dankeschön der Autoren gilt den Dipl.-Betriebswirten (BA) Sabine Rahmer, Katja Haß, Matthias Kiefer sowie Herrn Dr. Gleißner und Herrn Prof. Dr. Wengert. Ohne deren wertvolle Zuarbeit hätte das Buch diesen Reifegrad nicht erreichen können.

Stuttgart, im Februar 2007   Prof. Dr. Hanspeter Gondring FRICS

Inhaltsübersicht

Inhaltsverzeichnis

1   Einleitung

Risiko wird in zwei Risikoarten untergliedert, die Einzelrisiken und die Klumpenrisiken (Granularität). Die Einzelrisiken sind Objektrisiken (z.B. Gebäude) und Einzelunternehmensrisiken. Unter Klumpenrisiken sind die Portfolio-Risiken zu verstehen. Das Schaubild gibt einen Überblick über die Risikoarten und über die in der Praxis eingesetzten Instrumente.

Risikoarten	Einzelrisiken: Objektrisiken Einzelunternehmerrisiko	Klumpenrisiken: Portfolio-Risiken
Risikomessung der Einzelrisiken	Deskriptive Verfahren Wahrscheinlichster Wert Korrekturverfahren Sensibilitätsanalyse	Analytische Verfahren Wahrscheinlichkeits- theoretische Risikoanalyse
Risikomessung der Klumpen- risiken	Portfoliotheorie Varianz / Kovarianz Standardabweichung Korrelationskoeffizient	

Für beide Risikoarten sind verschiedene Verfahren zur Messung entwickelt worden und werden in der Praxis angewandt. Wie häufig bzw. mit welchem Stellenwert die Verfahren von institutionellen Anlegern (ca. 50 % des gesamten Transaktionsvolumens in Deutschland durch institutionelle Anleger!) angewendet werden, zeigt die Abbildung auf Seite 2.

Die Szenario-Analyse und die Sensitivitätsanalyse als deskriptive Verfahren bzw. Entscheidungshilfen zur Messung der Einzelrisiken, werden als am häufigsten angewandte Verfahren weiter unten dargestellt.

Weitere deskriptive Verfahren sind das des wahrscheinlichsten Wertes und das Korrekturverfahren ebenso wie die wahrscheinlichkeitstheoretische Risikoanalyse als analytisches Verfahren zur Risikomessung der Einzelrisiken. Das Klumpenrisiko wird über die Portfolio-

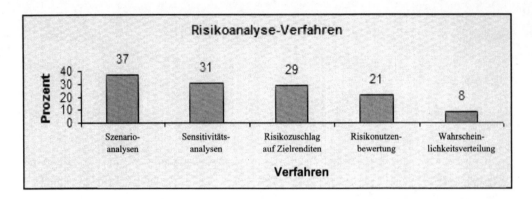

Selection mit der Berechnung von Varianz, Kovarianz, Standardabweichung und dem Korrelationskoeffizienten berechnet. Grundlegende Methoden für die Erfassung objektbezogener Risiken ist die Due Diligence (Risikobestandsaufnahme).

Ein aktives Risikomanagement soll ebenfalls dazu beitragen, bewusste und effiziente Entscheidungen zu treffen, und damit einen Beitrag zur Beherrschung von Risiken zu leisten. Ziel der Analyse ist es, Risikosituationen transparent und verständlich zu machen. Die Hauptaufgaben der Risikoanalyse stellen die Identifikation und Dokumentation, die Charakterisierung und Klassifizierung sowie die Quantifizierung und Beurteilung von risikotragenden Tatbeständen dar. Die einzelnen Prozesse der Informationsverarbeitung lassen sich folgendermaßen beschreiben:

❏   **Risikoidentifikation**

Am Anfang einer Analyse steht die Risikoerkennung. Es muss festgestellt werden, ob bzw. in welcher Höhe Investitionsentscheidungen im Immobilienwesen mit Risiken behaftet sind, um die Chancen zu nutzen oder die Risiken zu begrenzen. Risikoklassifizierung: In diesem Schritt erfolgt die Zuordnung der erkannten Risiken in bestimmte Risikokategorien.

❏   **Risikotragfähigkeit**

In der Risikotragfähigkeit eines ganzen Unternehmens bzw. eines einzelnen Entscheidenden spiegelt sich die finanzielle und intellektuelle Befähigung wider, (erkannte) Risiken zu übernehmen. Die wichtigsten Determinanten zur Beurteilung der Risikotragfähigkeit eines Entscheidungsträgers sind dabei zum einen das Risikodeckungsvolumen, in Form von Eigenkapital- bzw. Liquiditätsreserven und vorhandener laufender Einkommens- bzw. Ertragskraft, und zum anderen das mit Eintrittswahrscheinlichkeiten gewichtete latent vorhandene Verlustpotential, das sich aus dem Volumen eingegangener Immobilienfinanzierungen bzw. Immobilieninvestitionen ableiten lässt. Ein aktives Risikomanagement zielt dabei darauf ab, den Umfang des Verlustpotentials durch entsprechende Instrumente bzw. Strategien zu steuern. Risikotragfähigkeit und Risikobereitschaft sollen dabei stets in einem „gesunden" Verhältnis zueinander stehen.

□ **Risikobewertung**

Bei messbaren Risiken wird eine Bewertung auf der Grundlage von Kennzahlen vorgenommen. Ist dies nicht der Fall, wird nur eine indirekte Beurteilung, z.B. über eine Scoring-Ansatz möglich, vorgenommen.

□ **Risikobereitschaft**

Die eigentliche Risikoentscheidung ist von der individuellen Risikoeinstellung des Investors abhängig. In der Theorie werden 3 Risikotypen unterschieden

1. Der risikoscheue (risikoaverse) Investor (konkave Nutzenfunktion)

2. Der risikoneutrale Investor (lineare Nutzenfunktion)

3. Der risikofreudige Investor (konvexe Nutzenfunktion)

Wie die untenstehende Grafik zeigt, verlangt der risikofreudige Investor eine progressive Bepreisung des Risikos (gleiche Risikonutzen U(W)); er hat einen zunehmenden Grenznutzen, der im Extrem unendlich ist. Der risikoneutrale Investor hat einen gleich bleibenden Grenznutzen, sodass er so lange ein Risiko eingeht, wie es entsprechend eingepreist wird. Dagegen hat der risikoaverse Investor einen abnehmenden Grenznutzen.

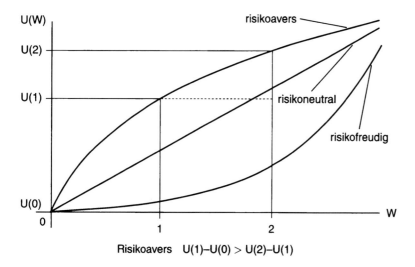

Risikoavers U(1)–U(0) > U(2)–U(1)

Vor diesem Hintergrund stellt sich die Frage, wie das Investorenverhalten in Deutschland ist. Die nachfolgende Grafik zeigt die (bereinigte) Risiko-Nutzenfunktion für den deutschen Immobilienmarkt, der demnach risikoavers ist, was auch der ökonomischen Rationalität entspricht.

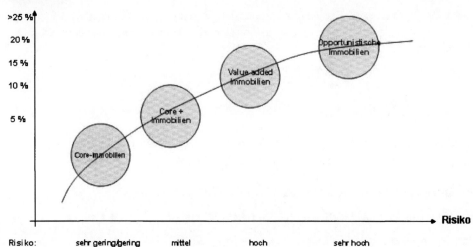

Risiko:	sehr gering/gering	mittel	hoch	sehr hoch
EK-Rendite	5 - 8 %	9 – 12 %	13 -25 %	über 25 %
Haltedauer	langfristig	2 – 10 Jahre	1 – 5 Jahre	bis 3 Jahre
Besonderheit:	sehr hoher/hoher Vermietungsst. i.d.R. 1A-Lage	Auslaufende Mietverträge mittlerer Investitionsstau	hoher Leerstand hoher Investitionsstau	Trash-Immobilie Projektentwicklung hohes Vermarktungsrisiko geringe Bonität der Mieter

2 Theoretische Grundlagen der Risikomessung

2.1 Der Begriff Risiko

Der Begriff Risiko wird in den Wirtschaftswissenschaften als eine bestimmte Form der Unsicherheit definiert. Diese ist als eine Größe definiert, die abhängig ist von der Informationsdichte. Diese ist in der Jetzt-Zeit (im Moment) 100 % (= Sicherheit) und nimmt, je weiter der Zeitraum in die Zukunft reicht, überproportional ab (= Unsicherheit).

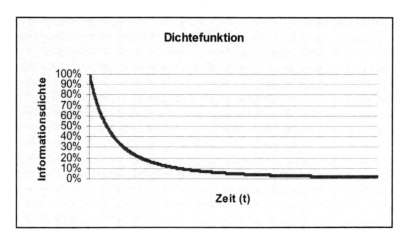

Da jede Investition eine Wirkung in der Zukunft hat, ist jede Entscheidung zunächst eine Entscheidung unter unvollkommener Information, also unter Unsicherheit. Die Wirtschaftswissenschaft unterteilt jedoch die Unsicherheit – wie die Grafik auf Seite 6 zeigt – in Ungewissheit und in Risiko.

2.1.1 Entscheidung unter Sicherheit

Von Entscheidungen unter Sicherheit wird im Rahmen der Entscheidungstheorie dann gesprochen, wenn der Entscheidungsträger den eintretenden Umweltzustand mit Sicherheit kennt und er also sämtliche Konsequenzen aus einer Handlung voraussagen kann. Dieser Zustand hat mehr theoretische als praktische Relevanz.

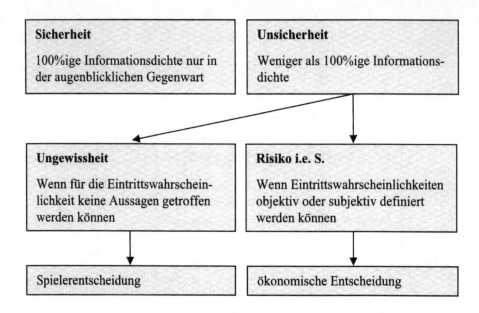

Sie ist also relativ simpel und folgt dem gleichen Prinzip wie der Binärcode: Es existieren ausschließlich 1 und 0. Das bedeutet, die Eintrittswahrscheinlichkeit des Ereignisses ist entweder genau 100 % bzw. genau 0 %. Bei „0" tritt das Ereignis auf keinen Fall ein und bei „1" tritt es sicher ein. Unter der Vorraussetzung der vollkommenen Kenntnis aller Informationen lautet die entsprechende Formel:

$$P(E) = 1/0$$

$$P = \text{Eintrittswahrscheinlichkeit}$$
$$E = \text{Ereignis}$$

2.1.2   Entscheidung unter Unsicherheit

Unsicherheit bedeutet, dass aufgrund mangelnder Kenntnis über das Eintreten zukünftiger Ereignisse eine Abweichung einer erwarteten Zielgröße möglich ist. Eine Abweichung zum Positiven wird als Chance betrachtet ($\mu + \sigma$), eine Abweichung ins Negative hingegen wird als Risiko betrachtet ($\mu - \sigma$). Grundsätzlich lässt sich eine Entscheidung unter Unsicherheit in zwei Kategorien unterteilen.

2.1.2.1   Entscheidung unter Ungewissheit

Wenn keine objektive oder subjektive Wahrscheinlichkeit für das Eintreten eines Ereignisses definiert werden kann, liegt eine Ungewissheitssituation vor. In diesem Fall sind keine rationalen Entscheidungen möglich und *ex definition* auch keine ökonomischen. In diesem Bereich wird von einer Spielerentscheidung gesprochen. Diese Entscheidungen sind *ex defini-tion* nicht im Erkenntnisinteresse der Betriebswirtschaftslehre.

2.1.2.2 Entscheidung unter Risiko

Eine Entscheidung unter Risiko ist durch Wahrscheinlichkeitszuordnungen für das Eintreten bestimmter Ereignisse gekennzeichnet. Eine subjektive Eintrittswahrscheinlichkeit ist gege-ben, wenn der Investor von dem Eintreten eines bestimmten Szenarios aufgrund von Erfah-rungen unter normalen Bedingungen eine wahrscheinliche „Voraussicht" hat. Eine objektive Wahrscheinlichkeit lässt sich durch mathematische Berechnungen herleiten. Die Formel zur Berechnung sieht wie folgt aus:

$$P(E) = \sum_{j=1}^{n} n_{ij} * p_j$$

P = Eintrittswahrscheinlichkeit

E = Ereignis

n_{nj} = Zielerreichungsgrad der Altanativen

p_j = Eintrittswahrscheinlichkeit der Umweltzustände

2.2 Wahrscheinlichster Wert

❑ **Allgemeine Definition**

- Beurteilung einer Investition mit der höchsten Eintrittswahrscheinlichkeit
- Der Entscheider geht aufgrund der zuvor ermittelten Alternativen von der wahrschein-lichsten aus und variiert die Werte nach oben und unten
- Verfahren ist sehr praxisnahe, leicht zu handhaben und basiert vielfach auf Erfahrungs-werte (die empirische Studie hat ergeben, dass immerhin 8 % der deutschen Unterneh-men danach verfahren)

2.2.1 Binomialverteilung

❑ **Voraussetzungen zur Anwendung der Binomialverteilung:**

- Die Ausprägung des Merkmalergebnisses muss zufällig sein, d.h., die Ausprägungen A oder B müssen voneinander unabhängig sein; hierbei wird auch von einem „Random Walk" (Zufallspfad) gesprochen, d.h. die Ereignisse sind unabhängig von einander bzw. stehen in keinem funktionalem Zusammenhang zueinander.

- Der Stichprobenumfang *n* entspricht der Anzahl der Merkmalsergebnisse, d.h., sie sind auf *n* festgelegt.
- Der Stichprobenumfang muss komplett „durchgeprüft" werden, um die Anzahl *x* zu erhalten. Die Wahrscheinlichkeit *p* und folglich auch für 1 − *p* ist konstant.

❑ **Approximation**

Ist eine Binomialverteilung mit n voneinander unabhängigen Stufen (bzw. Zufallsversuchen) mit einer Erfolgswahrscheinlichkeit *p* gegeben, so lässt sich die Wahrscheinlichkeit für *x* Erfolge wie folgt berechnen:

$$P(x \mid p,n) = \frac{n!}{x!(n-x)!} * p^x * (1-p)^{n-x}$$

n = Stichprobenumfang

x = Anzahl der Ausprägungen

p = Konstante Erfolgswahrscheinlichkeit

Die folgende Grafik veranschaulicht die Ergebnisse der Approximation. Es ist deutlich zu erkennen, dass der wahrscheinlichste Wert beim Ausprägungsmerkmal ca. 36,8 auftritt.

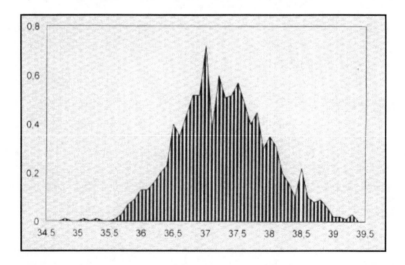

❑ **Beispiel aus der Praxis**

Beim Erwerb von großen Wohnungs-Portfolios besteht oftmals nicht die Zeit, alle Immobilien einzeln zu bewerten, Es wird also nur ein Teil bewertet und davon ausgegangen, dass die erhobenen Daten mit der gleichen Eintrittswahrscheinlichkeit auf das gesamt Portfolio eintreten als in den Stichproben. So lässt sich ein annähernder Wert des Portfolios auf eine relativ schnelle Art ermitteln.

2.2.2   Normalverteilung

Die Gauß- oder Normalverteilung (nach Carl Friedrich Gauß) ist eine geglättete Binomial-verteilung (stetige Funktion) und damit eine kontinuierliche Wahrscheinlichkeitsverteilungen. Ihre Wahrscheinlichkeitsdichte wird auch Gauß-Funktion, Gauß-Kurve, Gauß-Glocke oder Glockenkurve genannt. Sie ersetzt empirische Verteilungen ähnlicher Form, die sich üblicher-weise beim Zusammenwirken mehrerer voneinander unabhängiger Faktoren ergeben, um die Wahrscheinlichkeit für das Auftreten bestimmter Werte angeben zu können. Geschwindigkei-ten, Messfehler, Beobachtungsfehler etc. sind z.B. normalverteilt. Jede Normalverteilung all-gemeiner Form mit den Werten $N(\mu,\sigma^2)$, wobei μ für die Rendite steht und σ für das dazuge-hörige Risiko, lässt sich in die standardisierte Normalverteilung $N(0,1)$ umrechnen.

Die Bedeutung beruht unter anderem auf dem zentralen Grenzwertsatz, der besagt, dass eine Summe von n unabhängigen, identisch verteilten Zufallsvariablen in der Grenze n gegen unendlich normal verteilt ist. Die Grenzverteilung, kann nicht direkt beobachtet werden. Jedoch verläuft die Annäherung mit wachsendem n sehr schnell, so dass schon die Vertei-lung einer Summe von 30 oder 40 unabhängigen, identisch verteilten Zufallsgrößen einer Normalverteilung recht ähnlich ist.

2.2.2.1   Allgemeine Normalverteilung

❑   **Wahrscheinlichkeitsdichte als Funktion**

$$f(x) = \frac{1}{\sigma\sqrt{2\pi}} e^{-0,5(\frac{x-\mu}{\sigma})^2}$$

❑   **Verteilungsfunktion als Fläche**

$$F(x) = \frac{1}{\sigma*\sqrt{2\pi}} * \int_{-\infty}^{x} e^{-0,5(\frac{x-\mu}{\sigma})^2} dx$$

❑   **Grafische Darstellung der Verteilungsfunktion**

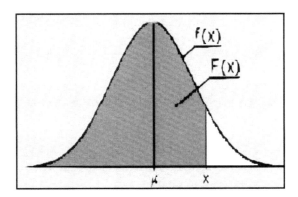

Wie die Grafik zeigt, bestimmt die Funktion die Form und damit auch die einzelnen Werte auf der Linie, während die Verteilungsfunktion als Fläche den Flächeninhalt (hier Grau) definiert.

❑   **Eigenschaften der allgemeinen Normalverteilung**

- Glockenförmig
- Nähert sich asymptotisch der x-Achse
- Symmetrisch
- Maximum liegt beim arithmetischen Mittel

2.2.2.2   Standard-Normalverteilung

Da sich das Integral der Verteilungsfunktion nicht auf eine elementare Stammfunktion zurückführen lässt, wurde früher für die Berechnung meist auf Tabellen zurückgegriffen (siehe dazu die Tabelle der Verteilungsfunktion der Standardnormalverteilung im Anhang); heutzutage sind entsprechende Zellenfunktionen in üblichen Tabellenkalkulationsprogrammen stets verfügbar. Tabellen wie Zellenfunktionen gelten aber in der Regel nicht für beliebige μ und σ Werte, sondern nur für die Standardnormalverteilung, bei der $\mu = 0$ und $\sigma = 1$ ist (entspricht einer 0-1-Normalverteilung oder normierten Normalverteilung). Die Tabellen sind also für die Wahrscheinlichkeitsfunktion Φ ausgelegt.

$$\Phi(z) = \frac{1}{\sqrt{2\pi}} * \int_{-\infty}^{z} e^{-0,5z^2} dz$$

❑   **Graph der Wahrscheinlichkeitsdichte**

Der Graph der Wahrscheinlichkeitsdichte ist eine Gauß'sche Glockenkurve, welche symmetrisch zum Wert von μ ist und deren Höhe und Breite von σ abhängt. An der Stelle μ liegt dabei der Hochpunkt und an $\mu - \sigma$ und $\mu + \sigma$ befinden sich die Wendepunkte der Kurve. Die rechte Hälfte bildet die Chance (die durch Investition genutzt wird) ab und die linke Hälfte repräsentiert das dazu gehörige Risiko. In einem Schaubild dargestellt sieht da wie folgt aus (s. Seite 11).

Die Grafik zeigt exakt die Dichtefunktion einer Standardnormalverteilung. Angegeben sind die Intervalle im Abstand von Standardabweichungen (1σ, 2σ, 3σ), auch Konfidenzintervalle genannt vom Erwartungswert μ, die rund 68 %, 95,5 % und 99,7 % der Fläche unter der Kurve umfassen.

Die gleichen Prozentsätze gelten für alle Normalverteilungen in Bezug auf die entsprechenden Erwartungswerte und Standardabweichungen.

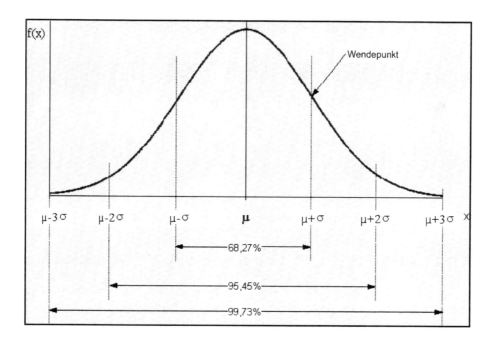

❑ **Transformation zur Standardnormalverteilung (Z-Transformation)**

Ist eine Normalverteilung mit beliebigen μ und σ gegeben, so kann diese durch eine Transformation auf eine 0-1-Normalverteilung zurückgeführt werden. Dazu wird $F(x)$ der allgemeinen Normalverteilung substituiert und die Integralgrenzen angepasst:

$$u = \frac{z - \mu}{\sigma}$$

❑ **Berechnung des Integrals**

$$F(x) = \frac{1}{\sigma * \sqrt{2\pi}} * \int_{-\infty}^{x} e^{-0,5\left(\frac{z-\mu}{\sigma}\right)^2} dt = \frac{1}{\sigma * \sqrt{2\pi}} * \int_{\frac{-\infty-\mu}{\sigma}}^{\frac{x-\mu}{\sigma}} e^{-0,5u^2} du * \sigma$$

$$= \frac{1}{\sqrt{2\pi}} * \int_{-\infty}^{\frac{x-\mu}{\sigma}} e^{-0,5u^2} du = \Phi\left(\frac{x-\mu}{\sigma}\right)$$

Wird jetzt u durch z ersetzt, ergibt dies die Verteilungsfunktion der Standard-Normalverteilung:

$$\Phi(z) = \frac{1}{\sqrt{2\pi}} * \int_{-\infty}^{z} e^{-0,5z^2} dz$$

❏   **Grafische Darstellung der Standardnormalverteilung**

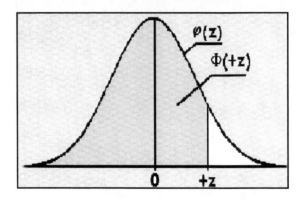

Geometrisch betrachtet entspricht die durchgeführte Substitution einer flächentreuen Transformation der Glockenkurve von $N(\mu;\sigma)$ zur Glockenkurve von $N(0;1)$.

❏   **Das Grundprinzip der standardisierten Normalverteilung sieht folgendermaßen aus:**

Die Wahrscheinlichkeit, dass Werte kleiner gleich z vorkommen ist gleich der Fläche $\Phi(z)$.

❏   **Spezielle Werte der standardisierten Normalverteilung**

- Die gesamte Fläche $\Phi(z)$ ist immer gleich 1, d.h. die Wahrscheinlichkeit für $z = ¥$ ist 100 %
- Aufgrund der Symmetrie ist die Fläche $\Phi(z)$ bei $z = 0$ gleich 0,5, d.h. die Wahrscheinlichkeit für $z = 0$ ist 50 %
- Aufgrund der 1. Bedingung und der Symmetrie ist die Fläche $\Phi(-z) = 1 - \Phi(z)$
- Für ein symmetrisches Intervall um $z = 0$ ist die Fläche $\Phi(z) - \Phi(-z)$ und wird als $D(z)$ bezeichnet; sie kennzeichnet die Wahrscheinlichkeit für das Vorkommen von Werten zwischen $-z$ und $+z$

Für die Berechnung des Integrals (s. S. 11) gibt es eine entsprechende Wertetabelle. Im mathematischen Anhang dieses Buches befindet sich eine Tabelle der kumulierten Wahrscheinlichkeiten für die Standard-Normalverteilung.

Bereich		Fläche
von	bis	in %
$\mu - 1,00\ \sigma$	$\mu + 1,00\ \sigma$	68,27
$\mu - 2,00\ \sigma$	$\mu + 2,00\ \sigma$	95,45
$\mu - 3,00\ \sigma$	$\mu + 3,00\ \sigma$	99,73
$\mu - 1,96\ \sigma$	$\mu + 1,96\ \sigma$	95
$\mu - 2,58\ \sigma$	$\mu + 2,58\ \sigma$	99
$\mu - 3,29\ \sigma$	$\mu + 3,29\ \sigma$	99,9

2.2.2.3 Tabellen zur Normalverteilung

Die Tabellen der standardisierten Normalverteilung dienen dazu, die von z abhängigen Flächenwerte unmittelbar ablesen zu können, statt sie nach einer Formel errechnen zu müssen.

❑ **Die Werte für die zentrale Fläche $D(z)$ sind:**

$$D(z) = \Phi(+z) - \Phi(-z)$$
$$= p(-z) < Z \leq +z$$

Das Ergebnis der Formel beschreibt die Größe der Fläche unter der Kurve. Sie entspricht der Wahrscheinlichkeit, dass Z einen Wert zwischen $-z$ und $+z$ annimmt, also dem wahrscheinlichsten Wert.

❑ **Grafische Darstellung der Fläche D(z)**

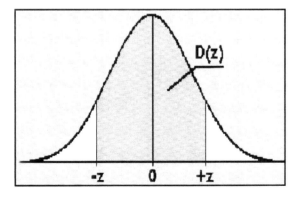

Die Grafik zeigt das Konfidenzintervall zwischen $-z$ und $+z$. Die Eintrittswahrscheinlichkeit für die Aussage „in 10 Jahren werden wir 8 % erreichen" ist gleich Null, da die Fläche gleich

Null ist. Renditeaussagen können nach wahrscheinlichkeitstheoretischen Aspekten nur in Intervallen angegeben werden. Z.B.: „Die Rendite wird zwischen 6,5 % und 9 % liegen.

In der Immobilienpraxis sollte in Fondprospekten, in Developer-Rechnungen und in anderen Aussagen über zukünftige Renditen auf die Angabe eines Punktwertes verzichtet werden, da seine Eintrittswahrscheinlichkeit gleich Null ist. Würde er sich bei einer ex-post Betrachtung tatsächlich ermitteln lassen, wäre das ein reiner Zufall.

❑   **Werte der Verteilungsfunktion F(-z)**

$$\Phi(-z) = p(Z \leq -z)$$

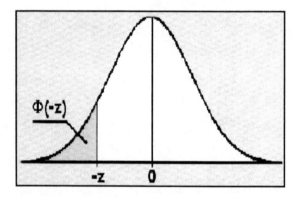

Diese Fläche wird auch als Restrisiko bezeichnet.

❑   **Werte der Verteilungsfunktion F(+z)**

$$\Phi(+z) = p(Z \leq +z)$$

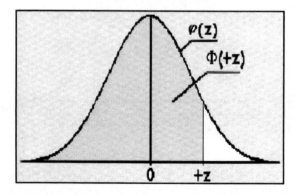

Die dunkelgraue Fläche entsprich der Wahrscheinlichkeit, dass Z einen Wert kleiner $+z$ annimmt.

2.2.2.4   Beispiel
Ein Investor möchte i.d.R. den Value-at-risk (z.B. zur Bestimmung von Risikolimits) kennen. Value-at-risk drückt den maximalen Verlust, den eine einzelne Immobilieninvestition bei einer bestimmten Marktentwicklung innerhalb einer bestimmten Periode mit einer vorgegebenen Wahrscheinlichkeit (z.B. 99 %) erleiden kann.

❑   **Vorgehensweise:**

Bestimmung der Standardabweichung (ermittelt sich aus den beobachteten Schwankungen um eine Zielgröße bzw. Mittelwert) = Volatilität

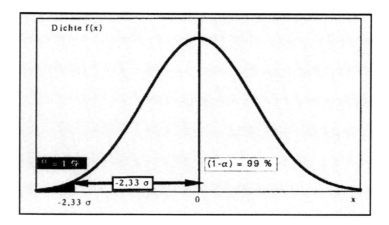

❑   **Der Wert α-Wert unterstellt:**

Mittelwert = 0, Marktwert = 1, so dass das Konfidenzintervall als einziger Wert ausgedrückt werden kann, z.B. 95 % (W) = 1,65 oder 99 % (W) = 2,33

❑   **Wie liest sich diese Grafik:**

- Aus dem empirischen Zahlenmaterial wird die Standardabweichung (σ) ermittelt; in der Praxis ist es üblich, dass der Zielkorridor verdoppelt oder verdreifacht wird (2- und 3- Sigma-Fall) = Konfidenzintervall.
- Interessant sind nur die Abweichungen im ungünstigsten Fall (Risiko).
- Auf Basis der Normalverteilung ergeben sich folgende Werte:

$$f(x)=\frac{1}{\sigma\sqrt{2\pi}}e^{-0,5(\frac{x-\mu}{\sigma})^2}$$

Ein-Sigma-Fall: 68,24 % (Wahrscheinlichkeit)

Zwei-Sigma-Fall: 95,44 % (Wahrscheinlichkeit)

Drei-Sigma-Fall: 99,74 % (Wahrscheinlichkeit)

Nehmen wir an das Investment beträgt 100.000.000 € und die Rendite soll bei 10 % liegen. Wie hoch ist der VaR wenn die Standardabweichung 4,8 % beträgt.

❑   **Rechnung:**

Gegeben sind folgende Werte:

Volatilität (Standardabweichung):   2,4
Rendite: 10 %
Betrag: 1 Mio. EUR
Renditebetrag: 100.000 EUR

Für den Ein-Sigma-Fall beträgt das Ergebnis:

2,4 % von 1 Mio. EUR =	24.000 EUR
Interpretation:	Die Wahrscheinlichkeit, dass der tatsächliche Wert zwischen 76.000 EUR und 124.000 EUR bzw. die Verzinsung zwischen 7,6 % und 12,4 % liegt, beträgt 68,26 %. Die Wahrscheinlichkeit einer Unterschreitung der erwarteten Rendite um 24.000 EUR bzw. 2,4 %-Punkte liegt bei 31,76 %.

Für den Zwei-Sigma-Fall beträgt das Ergebnis:

2 × 2,4 % von 1 Mio. =	48.000 EUR
Interpretation:	Die Wahrscheinlichkeit, dass der tatsächliche Wert zwischen 52.000 EUR und 148.000 EUR bzw. die Verzinsung zwischen 5,2 % und 14,8 % liegt, beträgt 95,44 %. Die Wahrscheinlichkeit einer Unterschreitung der erwarteten Rendite um 48.000 EUR bzw. 4,8 %-Punkte liegt bei 4,56 %.

Für den Drei-Sigma-Fall beträgt das Ergebnis:

3 × 2,4 % von 1 Mio. =	72.000 EUR
Interpretation:	Die Wahrscheinlichkeit, dass der tatsächliche Wert zwischen 28.000 EUR und 172.000 EUR bzw. die Verzinsung zwischen 2,8 % und 17,2 % liegt, beträgt 99,74 %. Die Wahrscheinlichkeit einer Unterschreitung der erwarteten Rendite um 72.000 EUR bzw. 7,2 %-Punkte liegt bei 0,26 %.

Damit zeigt sich eine Unscharfe in der Weise, dass je höher das Konfidenzintervall ist, umso geringer wird der Aussagewert und vice versa.

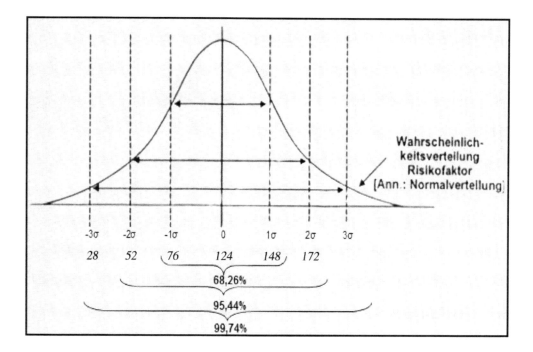

2.2.3 Das Bayes-Prinzip

Es wird dabei zunächst vom Erwartungswertprinzip, auch μ-Prinzip genannt, ausgegangen. Dieses Prinzip verlangt, dass genau die Handlungsalternative gewählt wird, die den größten mathematischen Erwartungswert der Zielerreichungsgrade vorweist. Dabei ist der mathematische Erwartungswert als die über alle Umweltsituationen gebildete Summe der mit den Eintrittswahrscheinlichkeiten gewichteten Zielerreichungsgrade zu verstehen.

Die Kritik am Bayes-Prinzip besagt, dass sie einerseits nur bei ausreichend häufig wiederkehrenden gleichartigen Entscheidungen zu logischen Ergebnissen führt, was insbesondere bei betriebswirtschaftlichen Entscheidungen nicht der Fall ist.

Andererseits wird kritisiert, dass im Bayes-Prinzip eine indifferente Einstellung zum Risiko zum Ausdruck kommt und daher weder der Fall der Risikobereitschaft noch der Risikovermeidung berücksichtigt wird.

2.2.4 Ansätze für eine Risikopolitik

Das Gesamtrisiko unter einer Verteilungskurve wird, wie die Grafik zeigt, in drei Bereiche eingeteilt:

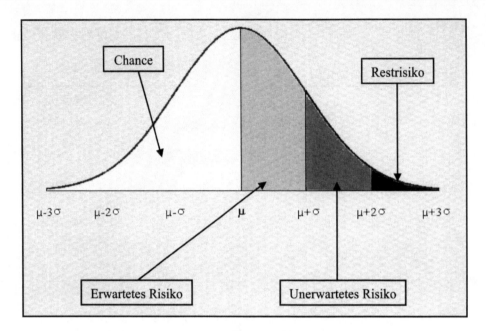

Daraus ergeben sich folgende Ansätze zur „Beherrschung" des Risikos:

❑   **Erwartetes Risiko**

Diese Risiken werden aufgrund der Wahrscheinlichkeitsrechnung ermittelt und werden eingepreist (Risikoadjustierung erfolgt über die Rendite).

❑   **Unerwartetes Risiko**

Diese sind latent vorhandene Risiken und lassen sich aus der Flächengleichung ableiten. Fläche des unerwarteten Risikos in % =100 % – erwartetes Risiko + Restrisiko.

Wenn für einen Wert x eine Eintrittswahrscheinlichkeit von 80 % ermittelt wird, muss das Risiko des Nicht-Eintretens bei maximal 20 % liegen. Für dieses Risiko sind z.B. Rücklagen oder Liquiditätsreserven zu bilden.

❑   **Restrisiko**

Werden in der Regel aus dem Value-at-Risk, auf der Basis von (z.B. Monte-Carlo-) ermittelt. Diese Risiken liegen zwischen 0 % und 3 %. Sie werden versichert. Z.B. die Gebäudebrandversicherung deckt das Restrisiko eines Untergangs der Immobilie durch Feuer ab.

2.2.5   Das Bernoulli-Prinzip

Bereits 1738 formulierte der Schweizer Mathematiker Daniel Bernoulli in seinem „Versuch einer neuen Theorie der Wertbestimmung von Glücksfällen" das so genannte Bernoulli-Prinzip: „Wähle diejenige Handlungsalternative, für die der Erwartungswert des Risikonutzens sein Maximum erreicht!" Dies wird mittels einer Entscheidungsmatrix gemacht in der die einzelnen Szenarien mit ihren Eintrittswahrscheinlichkeiten abgebildet werden.

Bei Anwendung des Bernoulli-Prinzips müssen die Ergebnisse zunächst mit Hilfe einer Risikonutzenfunktion in Nutzenwerte umgewandelt werden. Die individuelle Risikonutzenfunktion steht dabei für einen risikoscheuen Entscheider (Risikoaversion) wenn die Funktion konkav ist und für einen risikofreudigen Entscheider wenn die Funktion konvex ist. Es ist aber auch möglich, dass die Risikonutzenfunktion konkave und konvexe Bereiche aufweist, z.B. dann wenn Menschen einerseits in der Lotterie spielen (Risikofreude = konvex) aber auch Versicherungen abschließen (Risikovermeidung = konkav).

❑   **Grafische Darstellung**

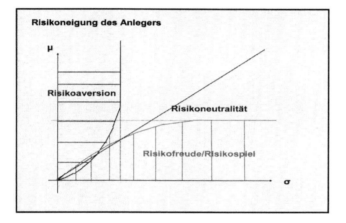

2.2.6   Die μ-σ-Regel

In der μ-σ-Regel findet die Risikoeinstellung des Entscheiders dadurch Berücksichtigung, dass auch die Standardabweichung berücksichtigt wird. Bei risikoneutralen Entscheidern entspricht sie der Bayes-Regel, bei risikoaversen (risikoscheuen) Entscheidern sinkt die Attraktivität einer Alternative mit zunehmender Standardabweichung. Bei risikofreudigen Entscheidern steigt die Attraktivität hingegen.

❑   **Eine mögliche Form der μ-σ-Regel ist zum Beispiel:**

$$\Phi(\mu,\sigma) = \mu - \alpha * \sigma$$

❑   **Interpretation der Werte der Variablen** α

- Für $\alpha < 0$ gilt: Der Entscheider ist risikofreudig, eine Alternative mit einem höheren σ wird einer Alternative mit gleichem Erwartungswert μ aber niedrigerem σ vorgezogen.
- Für $\alpha > 0$ gilt: Der Entscheider ist risikoavers, eine Alternative mit niedrigerem σ wird einer Alternative mit gleichem Erwartungswert, aber höherem σ vorgezogen.
- Für $\alpha = 0$ entspricht die Regel der Bayes-Regel, der Entscheider ist risikoneutral, die Standardabweichung σ hat keinen Einfluss auf die Bewertung der Alternativen.

Als Voraussetzung für die Anwendung der μ-σ-Regel gelten im Allgemeinen normalverteilte zukünftige Renditen oder eine quadratische Nutzenfunktion.

❑   **Entscheidungsmatrix**

Szenario	S1	S2	S3	S4
Eintrittswahr-scheinlichkeit	0,3	0,4	0,1	0,2
Rendite Anlage 1	3 %	15 %	20 %	12 %
Rendite Anlage 2	10 %	12 %	8 %	5 %

2.3   Risiko der Portfoliostruktur

Heute gibt es eine Vielzahl an unterschiedlichen Anlageformen. Neben den klassischen Geldanlage-Instrumenten Sparbuch, Sparbrief und den festverzinslichen Wertpapieren haben sich in den vergangenen Jahren in Deutschland auch Aktien, Investmentfonds, Optionsscheine, Zertifikate und Immobilien auch bei einem breiten Publikum durchgesetzt.

All diese Anlageformen unterschieden sich jedoch zum Teil sehr erheblich, was die Rendite, das Risiko und die Liquiditätswirkung angeht. Rendite und Risiko sind wie die beiden Seiten ein und der selben Münze. Ist das Rendite-Risiko-Verhältnis ausgeglichen (immer dann, wenn das Risiko zu 100 % eingepreist ist) ergibt sich auch eine ausgeglichene Marktliquidität.

❑   **Beispiel**

Fordert der Markt eine Eigenkapitalrendite von 12 % für eine Immobilieninvestition, diese erwirtschaftet aber nur 5 %, dann ist die Liquidität gleich Null, da eine Transaktion nicht zustande kommt und es besteht keine Nachfrage. Folglich ist der Wert auch gleich Null. Fällt der Preis für diese Immobilie, steigt bei gleich bleibenden Erträgen wieder die Rendite. Der Preis fällt so lange weiter, bis die Rendite sich der geforderten Eigenkapitalrendite von 12 % angleicht.

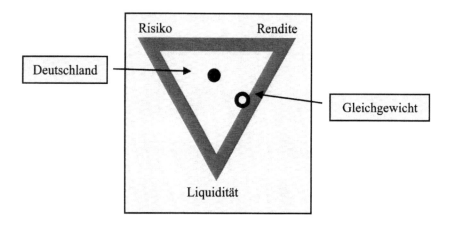

Deutschland befindet sich derzeit ungefähr dort, wo der Punkt ist. Hohes Risiko im Verhältnis zu niedrigen Renditen hat eine geringe Liquidität im Markt zur Folge.

Prinzipiell gilt: je höher die Verfügbarkeit einer Anlageform bzw. je höher die Sicherheit einer Anlageform, umso niedriger ist leider auch die dabei zu erwartende Rendite. Erwartungswert, Risiko und Nutzen sind auch Begriffe, mit denen sich Harry M. Markowitz in den 1950er Jahren intensiv beschäftigt hat mit seiner Portfolio-Selection-Theory hat er die Grundlage für eine neue Forschungsdisziplin geschaffen, die sich mit der Anwendung mathematisch-statistischer Prinzipen zur Portfoliooptimierung beschäftigt.

Markowitz gelang es, den wissenschaftlichen Nachweis über die positive Auswirkung von Diversifikation, d.h. die Streuung der angelegten Gelder über mehrere Anlageobjekte, auf das Risiko des Gesamtportfolios zu erbringen. Dies ist eine Grundregel, die heute jeder Investor und Anlageberater als selbstverständlich erachtet. Im Jahr 1990 erhielt Markowitz für seine Forschung auf dem Gebiet der Investmenttheorie den Nobelpreis für Wirtschaftswissenschaften.

❑ **Modellannahmen**

- Kapitalmarkt ist vollkommen, Aktien seien beliebig teilbar
- Planungshorizont bezüglich des Vermögens beträgt 1 Periode
- Anleger mit Risikoaversion, mit Präferenzen über μ, σ

❑   **Grundidee der Portfoliotheorie**

- Diversifikation mindert das Risiko eines Portfolios.

- Effiziente Portfolios erhält man, wenn man die Möglichkeit der Risikoreduktion durch Diversifikation soweit ausnutzt, wie es möglich und sinnvoll ist.

- Die optimale Zusammensetzung eines Aktienportfolios ist demnach abhängig vom Ausmaß der Risikoaversion des Anlegers.

❑   **Beschreibung von Einzelanlagen (Aktien) anhand der Parameter μ, σ**

Parameter μ steht für die erwartete Rendite, gekennzeichnet durch den Erwartungswert.

- misst den Ertrag einer Einzelanlage

- berechnet durch statistischen Mittelwert: Summe der gewogenen Zustandsbedingten Renditen

---

Parameter σ steht für das Risiko der Portfoliorendite, gekennzeichnet durch die Standardabweichung.

- misst das Risiko der Einzelanlage

- berechnet durch die statistische Varianz bzw. Standardabweichung: Summe der gewogenen quadratischen Abweichungen der zustandsbedingten Renditen vom Mittelwert

---

Die Portfoliotheorie ist ein Teilgebiet der Investitionstheorie und untersucht das Investitionsverhalten an Kapitalmärkten (z. B. Aktienmarkt). Die Portfoliotheorie ist eine formale Theorie, die restriktive Annahmen an das Verhalten von Investoren stellt und so gewisse Aussagen über das Investitionsverhalten erzielt.

Das wichtigste Ergebnis der Portfoliotheorie ist die Risikodiversifikation: Es existiert für jeden Investor ein so genanntes optimales Portfolio aus allen Anlagemöglichkeiten, das dessen Risiko-Chancen-Profil bestmöglich abbildet. Dieses optimale Portfolio hängt dabei weder von dem ursprünglichen Vermögen des Investors noch von seiner unmittelbaren Risikoeinstellung ab. Vielmehr spielen nur die Risiko-Rendite-Kombinationen der gehandelten Titel eine Rolle.

2.3.1   Risikodiversifikation

Als Risikodiversifikation wird der Effekt bezeichnet, der zwei oder mehr Assets miteinander kombiniert. Kern des Markowitz-Modells ist die Bestimmung des individuellen optimalen Mischungsverhältnisses zweier Anlagen durch mathematische Herleitung, bevor diese für das Portfolio gekauft werden.

Eine weitere Anwendungsmöglichkeit ist die Überprüfung einer möglichen Portfolioum-schichtung, also die Kontrolle der Gewichtung zweier Immobilien, die sich bereits in einem Portfolio befinden. Man spricht in diesem Zusammenhang auch von naiver Diversifikation, d.h. das bestehende Mischungsverhältnis ist nicht aufgrund einer Kalkulation, sondern mehr oder weniger zufällig (naiv) zustande gekommen.

2.3.2 Klumpenrisiko

Das Klumpenrisiko wird auch als Granularität bezeichnet. Es stellt das Risiko der einzelnen Anlage unter dem Gesichtspunkt der Beziehung untereinander dar und entspricht nicht der Summe aller Risiken der Einzelanlagen.

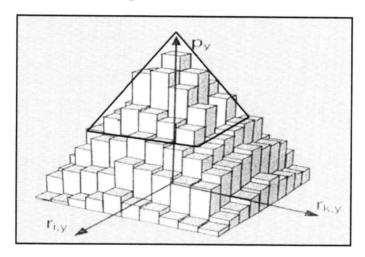

2.3.3 Systematisches und unsystematisches Risiko

In der Kapitalmarkttheorie wird das Gesamtrisiko einer Anlage in unsystematisches und systematisches Risiko aufgeteilt.

Unsystematisches Risiko	**Systematisches Risiko**
• Mikroökonomisches, einzelwirt-schaftliches Risiko	• Makroökonomisches, Marktbezoge-nes Gesamtrisiko
• Operating Leverage Risk	• Konjunkturentwicklung, Branchen-entwicklung, Rechts- und Steuerge-setzgebung
• Financial Leverage Risk	
• Diversifizierbares Risiko	• Nicht diversifizierbares Risiko

- Das unsystematische Risiko beschreibt hierbei das unternehmensspezifische Risiko, das sich durch Diversifikation theoretisch vollkommen eliminieren lässt.
- Das systematische Risiko beschreibt hingegen den Teil des Gesamtrisikos, der sich aus der Kapitalanlagegruppe bzw. dem Markt aufgrund von Zinssatzänderungen, politischen Ereignissen etc. ergibt.

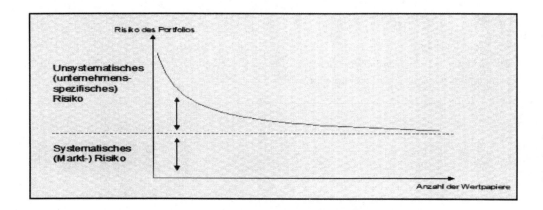

Auf die Immobilienwirtschaft bezogen wäre das systematische Risiko die Lage der Konjunktur, die Gesetzgebung, z.B. Mietrecht, Baurecht und Steuervergünstigungen. Das unsystematische Risiko liegt hier im Objekt selbst.

Ausschlaggebend sind die Vermietungsquote, Bewirtschaftungskosten, Modernisierung- und Renovierungsstau. Diese Risiken lassen sich jedoch durch Diversifikation deutlich schmälern.

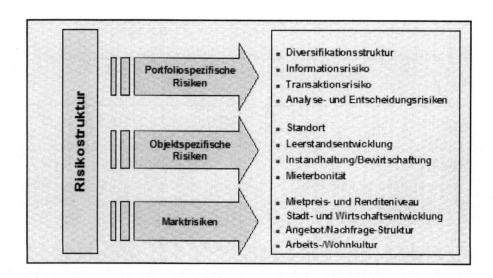

2.3.4 Standardabweichung/Varianz

Risiko wird, wie oben beschrieben, allgemein über die Standardabweichung bzw. die Varianz gemessen; häufig auch als Volatilität bezeichnet.

Die empirische Varianz bzw. Standardabweichung ist die zentrale Kennzahl zur Risikoquantifizierung in der Portfoliotheorie. Die quadrierte Standardabweichung σ^2 wird Varianz genannt. Durch die Quadrierung werden Negativwerte vermieden.

❑ **Allgemeine Formel der Standardabweichung:**

$$\sigma_i = \sqrt{\sum_j p_j * (r_{ij} - \mu_{ij})^2}$$

j = Zustand der Aktie
p_j = Wahrscheinlichkeit für das Eintreten des Zustandes j
r_{ij} = Rendite dar Aktie i im Zustand j
μ_j = Zielrendite für das Portfolio

❑ **Beispiel:**

Szenario	S1	S2	S3	S4
p	0,3	0,4	0,1	0,2
Aktie 1	3 %	15 %	20 %	12 %
Aktie 2	10 %	12 %	8 %	5 %

$$r_1 = \mu_1 = (3*0,3) + (15*0,4) + (20*0,1) + (12*0,2) = 11,3\%$$
$$r_2 = \mu_2 = (10*0,3) + (12*0,4) + (8*0,1) + (5*0,2) = 9,1\%$$

Risiko wird über die Standardabweichung ermittelt. Um diese Rechnung zu vereinfachen, wird die Varianz als Hilfsgröße berechnet (komplizierte Wurzelrechnungen werden dadurch vermieden).

$$\sigma_1^2 = (3-11,3)^2 *0,3 + (15-11,3)^2 *0,4 + (20-11,3)^2 *0,1 + (12-11,3)^2 *0,2 = 33,81$$
$$\sigma_1 = \sqrt{33,81} = 5,81$$
$$\sigma_2^2 = (10-9,1)^2 *0,3 + (12-9,1)^2 *0,4 + (8-9,1)^2 *0,1 + (5-9,1)^2 *0,2 = 7,09$$
$$\sigma_2 = \sqrt{7,09} = 2,66$$

Nach Markowitz stellt der Investor bei seinen Anlageentscheidungen nur Rendite und Risikoüberlegungen an und kann somit anhand dieser zwei Parameter „erwartete Rendite" und „Varianz" seine Entscheidungen vornehmen.

❑   **Grafische Darstellung**

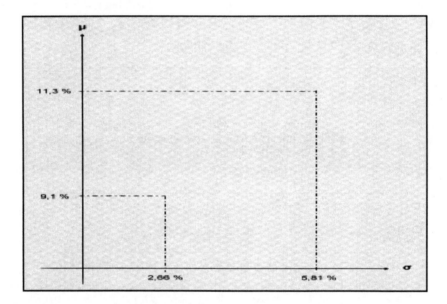

Um das Risiko, also die Standardabweichung, des Portfolios zu ermitteln, wird analog zur Einzelbewertung vorgegangen.

❑   **Tabellarische Übersicht – Berechnung**

	S1	S2	S3	S4
Aktie 1	3 %	15 %	20 %	12 %
12.000,00 €	12.360,00 €	13.800,00 €	14.400,00 €	13.440,00 €
Aktie 2	10 %	12 %	8 %	5 %
48.000,00 €	52.800,00 €	53.760,00 €	51.840,00 €	50.400,00 €
Summe	65.160,00 €	67.560,00 €	66.240,00 €	63.840,00 €
60.000,00 €				
	8,60 %	12,60 %	10,40 %	6,40 %

❑   **Berechnung**

$$r_p = \mu_p = (8,6*0,3)+(12,6*0,4)+(10,4*0,1)+(6,4*0,2) = 9,92\%$$

$$\sigma_p^2 = (8,6-9,92)^2*0,3+(12,6-9,92)^2*0,4+(10,4-9,92)^2*0,1+(6,4-9,92)^2*0,2 = 5,89\%$$

$$\sigma_p = \sqrt{5,89} = 2,42$$

❑   **Grafische Darstellung der Ergebnisse**

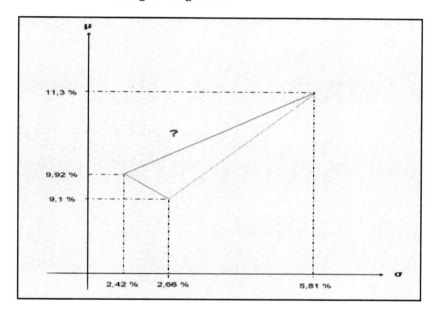

Die Grafik zeigt, dass durch eine Mischung der Assets A und B ein geringeres Risiko bei höherer Rendite als bei Asset A erreicht wird.

2.3.5   Kovarianz

Der lineare Zusammenhang zweier Aktien in Bezug auf ihr Risiko wird mittels der Kovarianz dargestellt.

$$\text{cov} = \sum_j p_j * \left[\left(r_{ijA} - \mu_{iA} \right) * \left(r_{ijB} - \mu_{iB} \right) \right]$$

Mit den Daten des vorangegangenen Beispiels wird die Kovarianz des Beispielportfolios berechnet.

$$cov = 0,3*\left[(3-11,3)*(10-9,1)\right]+0,4*\left[(15-11,3)*(12-9,1)\right]$$
$$+0,1*\left[(20-11,3)*(8-9,1)\right]+0,2*\left[(12-11,3)*(5-9,1)\right]=0,52$$

Eine positive Kovarianz zeigt, dass sich die zwei Wertpapiere gleichförmig zunehmend ver-klumpen. Steigt also die Rendite des Assets A, so steigt auch die des Assets B. Wenn die Wertpapiere sich gegeneinander entwickeln, d.h. wenn die Rendite von A steigt während die von B fällt, dann ist die Kovarianz negativ. Kein Zusammenhang der Assets A und B besteht wenn die Kovarianz Null ist.

2.3.6 Korrelation

Um der Kovarianz eine höhere Aussagekraft zu geben, wird sie ins Verhältnis mit den Stan-dardabweichungen der einzelnen Assets im Portfolio gesetzt bzw. die Kovarianz wird in einer Skalierung normiert. Diese Normierung ist der Korrelationskoeffizient, der nur Werte zwischen -1 und $+1$ annehmen kann.

❑   **Formel des Korrelationskoeffizienten**

$$k_{A/B} = \frac{cov}{\sigma_A * \sigma_B}$$

❑   **Erklärung der für k in Frage kommenden Ergebnisse**

- $k = 1$ bedeutet, dass die Renditen perfekt korreliert sind. D.h. sie laufen im Gleich-klang. In diesem Fall ist eine Risikodiversifikation nicht möglich und das Risiko des Portfolios entspricht dem des gewichteten Mittels der beiden Aktien.

- $k = -1$ ergibt sich wenn die Renditen sich ganz genau gegenläufig entwickeln. Es ist theoretisch möglich ein Portfolio zu generieren bei dem das gesamte Risiko wegdi-versifiziert ist. Dieses Mischungsverhältnis entspricht dann einer risikofreien Anlage.

- $k = 0$ sagt aus, dass zwar eine Korrelation vorhanden ist, diese aber nicht eindeutig als positiv oder negativ bestimmt werden kann. Sie kann von Fall zu Fall variieren.

❑ **Grafische Darstellung**

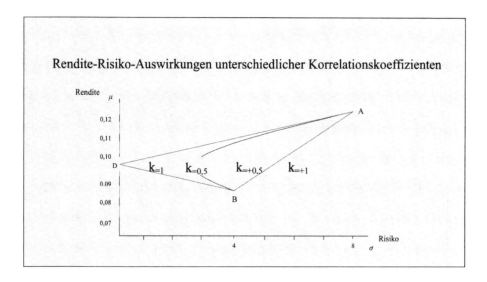

❑ **Im Beispiel:**

$$k_{1/2} = \frac{0,52}{5,81*2,66} = 0,0337$$

Das Ergebnis sagt aus, dass die Assets A und B sehr schwach positiv korrelieren und ein Diversifikationseffekt erreicht wird. Auf dem Zahlenstrahl abgebildet sieht das wie folgt aus:

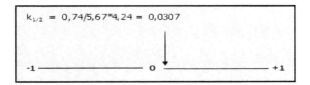

Das Quadrat des Korrelationskoeffizienten wird als Bestimmtheitsmaß bezeichnet. Das Bestimmtheitsmaß kann folglich nur Werte zwischen 0 und 1 annehmen. Mit Hilfe des Bestimmtheitsmaßes kann zwar keine Aussage mehr über die „Richtung" des Zusammenhangs gemacht werden, dafür ist die Aussagekraft über die „Stärke" des Zusammenhangs umso höher.

2.3.7   Effizientes Portfolio

2.3.7.1   Varianzminimales Portfolio

Durch Diversifikation kann das Gesamtrisiko eines Portfolios verringert werden. Aber natürlich können zwei Anlageobjekte nicht nur im Verhältnis 50:50 gemischt werden (naive Risikodiversifizierung), jedes beliebige „Mischungsverhältnis" ist dabei möglich. Betrachten wir exemplarisch einige unterschiedliche Kombinations-möglichkeiten der A-Aktie und der C-Aktie und die daraus resultierende Auswirkung auf die Renditeerwatung und die Volatilität des Gesamtdepots im μ-σ-Diagramm:

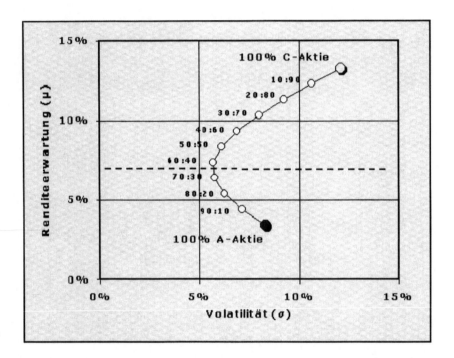

Geht man oben rechts von der Position „100 % C-Aktien" aus, ist zu erkennen, dass durch Beimischung von A-Aktien die Volatilität sofort sinkt. Diese Risikovernichtung wird allerdings mit einem Verlust an Rendite „erkauft". Bis zum Mischungsverhältnis von 60:40 lässt sich so die Volatilität stets reduzieren. Mischt man ab dann mehr A-Aktien hinzu, steigt die Volatilität jedoch wieder an, ohne dass die Gesamtrendite des Depots ansteigt.

Alle Punkte unterhalb der gestrichelten Linie bezeichnet bilden daher die risikoineffiziente Linie, da sich mit diesen nur niedrigere Renditen erzielen lassen, als mit Kombinationen oberhalb der gestrichelten Linie und das bei gleichem oder gar noch höherem Risiko. Der obere Ast hingegen wird als risikoeffiziente Linie bezeichnet.

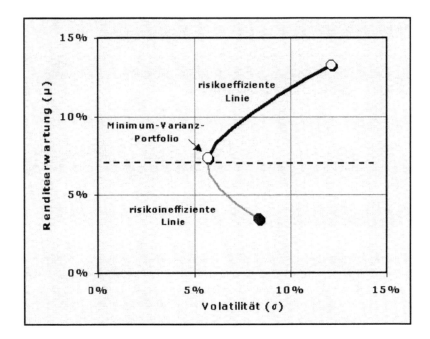

Bei einem Mischungsverhältnis von 60 % A-Asset zu 40 % C-Asset ist die Varianz am kleinsten (varianzminimaler Punkt). Dieser trennt die ineffiziente von der effizienten Linie. Dieser Punkt wird daher auch als das Minimum-Varianz-Portfolio bezeichnet.

In der Praxis wird jedoch kaum ein Anleger das varianzminimale Portfolio auswählen, sondern durchaus auch bereit sein, für einen Zuwachs an Rendite ein gewisses Maß an Risiko einzugehen. In diesem konkreten Beispiel werden sich viele Investoren sicherlich in ihrem persönlichen Anlageverhalten vom Punkt 40:60 aus nach rechts oben bewegen.

2.3.7.2   Isonutzenquanten

Das persönliche Risikoverhalten von Investoren unterscheidet sich zum Teil erheblich. Kaum ein Anleger ist so risikoscheu, dass er stets nach dem Minimum-Varianz-Modell seine Anlageentscheidungen treffen wird. Dieses Risiko dennoch möglichst gering zu halten ist ebenfalls allen Investoren gemeinsam.

❏   **Allgemein gilt**

Jeder Investor verfolgt mit seiner Anlageentscheidung ein gewisses Ziel. Diese Ziele quantifizierbar zu machen, ist der Gedanke der Zielfunktion.

Allen Anlegern gemeinsam ist, dass sie die Rendite entsprechend dem Risiko möglichst maximieren wollen. Was sie unterscheidet, ist das Maß an Risiko, dass sie bereit sind dabei einzugehen.

❑   **Anders ausgedrückt**

> Jeder Investor ist nur dann bereit ein zusätzliches Risiko einzugehen, wenn er dadurch
> entsprechende Zuwächse an Rendite erwarten kann.

Eine solche Zielfunktion Z ist also eine Funktion f der Rendite und des Risikos, also des
Erwartungswerts μ und der Volatilität σ oder mathematisch ausgedrückt: $Z = f(\mu,\sigma)$. Diese
Funktion lässt sich in dem Rendite-Volatilitäts-Diagramm abbilden.

❑   **Traditionelle Isonutzenquante**

Der Anleger, der nach dieser Indifferenzkurve handelt, würde bei einer Volatilität von 0 %
eine „sichere Rendite" von 3 % fordern. Eine Anlageform, die z.B. 5 % Volatilität aufweist,
müsste ihm schon mindestens eine Rendite von 7 % in Aussicht gestellt werden usw.

❑   **Grafische Darstellung der traditionellen Isonutzenquante**

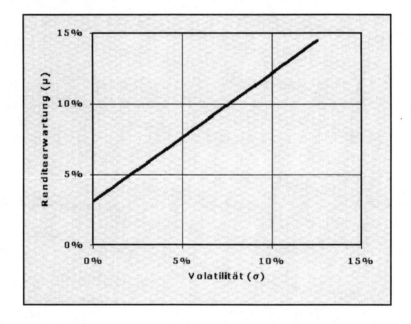

❑   **Moderne Isonutzenquante**

Der Verlauf der Kurve entspricht eher dem realistischen Verhalten eines Investors als der
lineare Verlauf einer Geraden: Insbesondere ist nur durch einen solchen Funktionsverlauf
darstellbar, dass jeder Investor so etwas wie ein „Limit" hat.

Ab einem gewissen Risiko kann die zu erwartende Rendite noch so hoch sein, der Investor hat einfach sein Limit erreicht und ist nicht mehr bereit, ein solch hohes Risiko zu überschreiten. In diesem Diagramm ist das z.B. eine Volatilität von 8 %.

☐   **Grafische Darstellung der traditionellen Isonutzenquante**

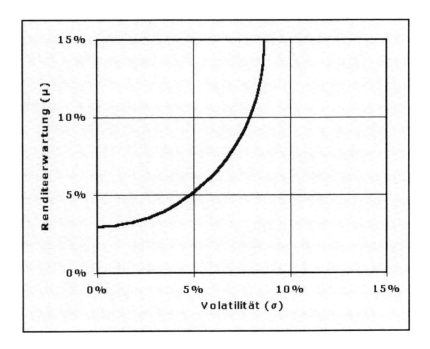

2.3.7.3   Optimales Portfolio

Es gibt keine optimale Geldanlage, sondern nur ein effizientes Portfolio auf individueller Ebene, welches die individuellen Wünsche, Rahmenbedingungen und Risikoneigungen des jeweiligen Anlegers abbildet.

Dennoch kann die Portfolio-Theorie helfen, wenn es um die oben erwähnte Problematik des individuell optimalen Mischungsverhältnisses zweier Anlagen geht. Bezug nehmend auf das Beispiel mit den A-Asset und C-Asset mit ihrer risikoeffizienten Linie im Rendite-Volatilitäts-Diagramm.

Wird nun zusätzlich zu dieser Linie noch die traditionelle Isonutzenquante in das Diagramm gezeichnet, so erhält man folgende Darstellung:

❑   **Optimales Portfolio**

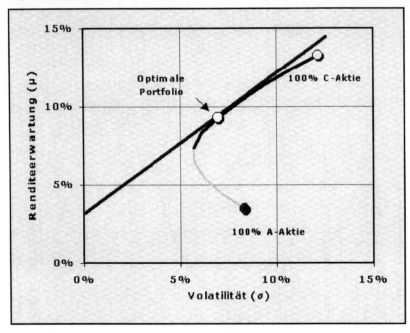

Im Tangentialpunkt liegt das individuell optimale Portfolio. Der Grund leuchtet sofort ein.

- Portfolios die links oberhalb der Isonutzenquante liegen würden, sind dem Investor sicher recht, da sie mehr Rendite bei weniger Volatilität bieten. Aber die möglichen Kombinationen von A- und C-Asset lassen dies nicht zu.

- Punkte rechts unterhalb der Isonutzenquante sind zwar durch geeignete A-C-Kombinationen möglich, aber dem Investor nicht gelegen, da sie bei gleicher Rendite weitaus höhere Volatilitäten aufweisen.

Es wird deutlich: Dieser Investor wird sich nicht für das Varianz-Minimale-Portfolio von 60:40 A:C Asset entscheiden. Aufgrund seiner individuellen Risikobereitschaft ausgedrückt in der Indifferenzkurve, wird er ein A-C-Mischungsverhältnis von etwa 40:60 für sein Depot realisieren. Die gleichen Prinzipien funktionieren auch bei der modernen Isonutzenquante:

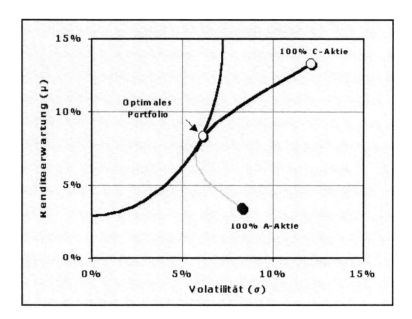

Was aber, wenn es keinen Tangentialpunkt zwischen der Isonutzenquante und der risikoeffizienten Linie gibt?

In diesem Fall wird der Anleger sicherlich bereit sein, seine Isonutzenquante so lange „anzuheben", bis es nur noch einen Berührpunkt, also den Tangentialpunkt gibt, da er so bei gleicher Volatilität eine höhere Rendite erzielen kann, als er ursprünglich erzielen wollte.

❑   **Die Isonutzenquante liegt vom Niveau her tiefer**

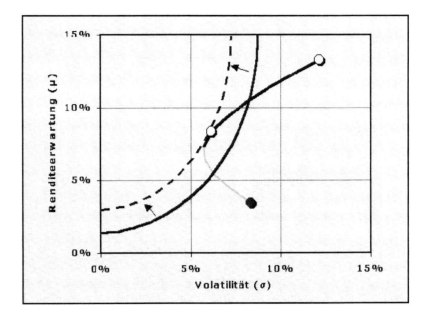

❑   **Die Isonutzenquante liegt vom Niveau her höher:**

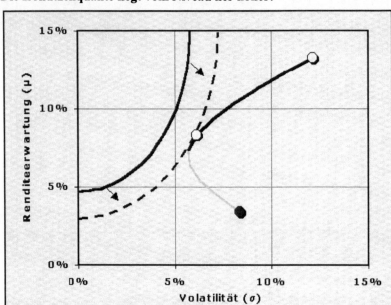

Es gibt demnach zwei Entscheidungsmöglichkeiten:

- Entweder „beißt er in den sauren Apfel" und senkt seine Indifferenzkurve vom Niveau her so lange ab, bis es einen eindeutigen Schnittpunkt gibt, d.h. er reduziert bei gleicher Volatilität seine Rendite-Forderungen an ein Portfolio.

- Oder er muss alternative Aktien-Kombinationen untersuchen, mit denen er ein höheres Risiko-Rendite-Profil erreichen kann und deren risikoeffiziente Portfolio-Kombinationen auf entsprechend höherem Niveau liegen.

2.3.8   Exkurs: Portfoliostrategien mit Hilfe der Duration

2.3.8.1   Die Macaulay Duration

Ziel ist die Beurteilung und, unter bestimmten Bedingungen, Immunisierung des Zinsänderungsrisikos festverzinslicher Geldanlagen wie z.B. Immobilienfonds.

❑   **In der Praxis:**

Die Duration wird in der Immobilienwirtschaft meist zur Bewertung des Liquiditätsmanagements bei Immobilienfonds angewandt. Neben den laufenden Mieterträgen, den Wertänderungen durch regelmäßige Objektbewertungen und möglichen Wechselkursänderungen, die den Liegenschaften direkt zuzurechnen sind, wird das Ergebnis eines Offenen Immobilienfonds vom Liquiditätsmanagement bestimmt. Je niedriger der Anteil des Immobilienvermögens ist, desto wichtiger wird die Liquiditätsrendite für die Gesamtperformance des Fonds.

❑   **Definition der Durationskennzahl D:**

- Zeigt die durchschnittliche dynamisierte Bindungsdauer oder die mittlere Selbstliquidationsperiode einer Finanzanlage an, soweit diese bis zur Endfälligkeit gehalten wird.

- Es werden die verfügbaren Daten (Zahlungsgrößen und Zeitpunkte) über die anfallenden Zins- und Tilgungsleistungen in einer einzigen Zahl D zusammengefasst.

- Die Duration gibt die Zinssensitivität verschiedener Wertpapiere mit unterschiedlichen Kupons und Restlaufzeiten an.

Die Duration ist der gewichtete Durchschnitt der Zeitpunkte der Zahlungen eines festverzinslichen Wertpapiers oder anders ausgedrückt: die durchschnittliche Kapitalbindungsdauer. Als Gewichtungsfaktoren werden dabei die Barwerte der Zins- und Tilgungszahlungen verwendet.

$$D = \frac{\sum_{t=1}^{n} t * R_t * (1+r)^{-t}}{\sum_{t=1}^{n} R_t * (1+r)^{-t}} \qquad \text{oder:} \qquad D = \frac{\sum_{t=1}^{n} t * \frac{R_t}{q^t}}{\sum_{t=1}^{n} \frac{R_t}{q^t}}$$

r = Marktzins t = Zahlungszeitpunkt

R_t = Zins- und Tilgungszahlung n = (Rest-)Laufzeit

Die Duration kann als Zeit interpretiert werden, die der Investor im gewogenen Mittel bis zum Rückfluss der eingesetzten Geldmittel aus seiner Anlage warten muss.

❑   **Einflussfaktoren und ihre Wirkung auf die Duration**

Die Entscheidung über die Kuponhöhe der gewählten Bonds hängt in erster Linie von der Risikobereitschaft des Investors und er erwarteten Richtung der Zinsänderung ab. Bei gleicher Laufzeit weisen Bonds mit einem geringeren Kupon eine höhere Sensitivität (Risiko) gegenüber Zinsänderungen auf.

Bei gleicher Rendite wählt der Investor wie oben beschrieben selbstverständlich stets das geringere Risiko.

- Wenn der Investor steigende Zinsen erwartet, so kauft er Bonds mit einer geringeren Duration, also kurze Laufzeiten und hohe Kupons.

- Erwartet der Investor hingegen fallende Zinsen und er will sein Risiko erhöhen, so wählt er die Bonds mit hoher Duration, also lange Laufzeiten und niedrige Kupons.

❑   **Beispiel:**

	Bond A	**Bond B**	**Bond C**	**Bond D**
Nennwert	10.000,00 €	10.000,00 €	10.000,00 €	10.000,00 €
Kupon	8 %	6 %	8 %	8 %
Restlaufzeit	5 Jahre	5 Jahre	10 Jahre	5 Jahre
Kurs	100,00 €	92,01 €	100,00 €	92,42 €
Rendite	8 %	8 %	8 %	10 %
Duration	4,312	4,439	7,247	4,281

Wir stellen also fest:

- Mit steigender Restlaufzeit steigt die Duration.
- Je tiefer der Kupon, desto höher die Duration.
- Bei steigender Rendite fällt die Duration.
- Mit steigender Kuponhäufigkeit sinkt die Duration.

❑   **Anwendung der Duration**

Die Duration eines Wertpapierportfolios entspricht der Summe der Duration der einzelnen Wertpapiere, gewichtet mit den jeweiligen Anteilen am Gesamtportfolio:

$$= \sum D_{A1} * w_1 + \sum D_{A2} * w_2 + ...$$

A = Aktie   w = Gewichtung am Gesamtportfolio

Die Zusammenhänge werden bei den unterschiedlichen Absicherungsstrategien gegen Verluste des Endvermögens berücksichtigt. Es wird aus verschiedenen Anleihen ein Portfolio zusammengestellt, dessen Duration dem Planungshorizont des Investors entspricht und das damit gegen Zinsänderungsrisiken immunisiert ist.

❏ **Probleme bei der Verwendung der Duration**

> • Abweichung vom gewünschten Endvermögen durch Transaktionskosten bei Umschichtungen und durch Zu- und Abflüsse zum bzw. aus dem Portfolio möglich.
>
> • Abweichungen durch Bonitätseinbußen werden in der Durations-Formel nicht berücksichtigt.
>
> • Das Konzept setzt eine flache Zinsstrukturkurve voraus und ist nur gültig wenn bei Zinsänderungen die Zinskurve parallel verschoben wird.

2.3.8.2 Die Modified Duration

Die Modified Duration (MD) leitet sich direkt aus der Macaulay Duration ab. Im Gegensatz zu dieser besitzt die Modified Duration die Dimension Prozentwert. Sie wird in der Praxis meist zur Beschreibung der Bonvolatilität, also der Veränderung der Bondpreise in Abhängigkeit von Marktzinsschwankungen verwendet.

Die Modified Duration gibt an, um wie viel Prozent sich der Wert eines Fondanteils verändert, wenn sich das Marktzinsniveau um einen Prozentpunkt ändert. Sie wird daher auch als Bondvolatilität bezeichnet.

$$MD = \frac{D}{1+r}$$

MD = Modified Duration
D = Macaulay Duration
r = Marktzinsniveau

❏ **Beispiel Bond A:**

Restlaufzeit 5 Jahre	Nennwert: 10.000 €
Kupon: 7 %	Marktzinsniveau: 8 %
Kurs: 96,01	Duration: 4,373
Berechnung:	$MD = \dfrac{4,373}{1+0,08} = 4,05$

Bei einer unterstellten Marktzinssenkung um einen Prozentpunkt wird Bond A folglich um 4,05 % im Kurs (Dirty Price = Anleihenkurs + Stückzinsen) steigen. Der neue Kurs wird anstatt 96,01 nun 99,90 betragen. Erhöht sich der Marktzins hingegen um 1 %, dann sinkt der Kurs auf 92,12.

Je höher die Modified Duration, desto empfindlicher reagiert der Kurs auf Zinsänderungen.

3   Asset Allocation (Portfoliostrukturierung)

3.1   Grundlagen der Asset Allocation

Als Asset Allocation wird die systematische Reduzierung des Anlagerisikos durch Vertei-lung des Vermögens auf verschiedene Anlagen bezeichnet.

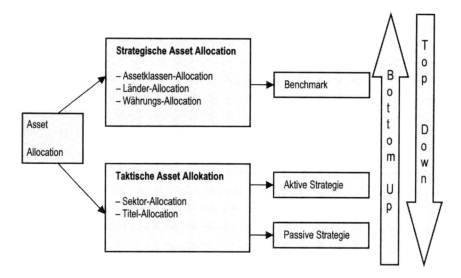

❑   **Im Allgemeinen werden zwei Hauptbereiche der Asset Allocation unterschie-den:**

- Die strategische Asset Allocation, sie hat das Ziel, langfristig das individuelle Port-folio für einen Investor zu bestimmen.

- Die taktische Asset Allocation, sie ist hingegen eher kurzfristig orientiert. Ihr Ziel ist die Erwirtschaftung von Überrenditen durch Über- oder Untergewichtung einzelner Assetklassen, Assets oder Regionen.

3.1.1   Strategische Asset Allocation

Die strategische Asset-Allocation setzt sich aus drei Diversifizierungsebenen zusammen. Sie findet auf der Ebene verschiedener Märkte statt und nicht auf der Titel-Ebene. Durch eine individuelle Ausrichtung dieser drei Bereiche werden die langfristigen Ziele des Portfolios mittels eines Benchmarks festgestellt.

3.1.1.1   Asset-Klassen-Allocation

Das Ziel dieses Bereichs innerhalb der strategischen Asset-Allocation besteht in einer effizienten Vermögensaufteilung auf verschiedene Assetklassen. Generell ist eine Grobeinteilung nach standardisierter und nicht standardisierter Handelbarkeit gegeben:

❑   **Traditionelle Anlageobjekte**   ❑   **Nicht-traditionelle Anlageobjekte**

    (standardisierte Handelbarkeit)   *(nicht-standardisierte Handelbarkeit)*

- Aktien
- Renten
- Geldmarktanlagen
- Fonds

- Immobilien
- Kunstgegenstände
- Briefmarken

Abgrenzungskriterien ergeben sich vor allem durch niedrige Korrelationen und stärkere Marktineffizienzen, sowie mangelnde Preistransparenz auf Seiten der nicht traditionellen Anlageformen. In vielen Portfolios wird daher auf Assets der nicht traditionellen Art verzichtet, obwohl gerade diese aufgrund der bereits genannten, geringen positiven bzw. negativen Korrelationen zu anderen Assets interessant für eine Portfoliobeimischung sind.

3.1.1.2   Länder-Allocation

Die Ebene der Länder-Allocation beinhaltet die Frage, inwieweit in einem Portfolio internationale Assets aufgrund positiver Diversifikationseffekte Berücksichtigung finden sollten. Gründe für eine Länder-Allocation sind:

- Unterschiedliche nationale Konjunkturzyklen

- Unterschiedliche Risiko-Rendite-Profile und somit Beiträge zur Risikodiversifizierung. Wobei nicht nur das unsystematische Risiko verringert wird. Aufgrund gering korrelierender Märkte und durch Integration ausländischer Anlagen wird nationales systematisches Risiko teilweise zu unsystematischem Risiko des Assets.

- Knappheit des Angebots auf nationalem Gebiet, da keine grenzenlose Vermehrbarkeit von Immobilien möglich ist.

- Unterschiedliche Entwicklungsreife verschiedener Immobilienmarktzyklen, welche nicht nur konjunkturbedingt entstehen, sondern evtl. auch als Folge unterschiedlich weit entwickelter Trends.

Mit Hilfe der Immobilienuhr lassen sich die unterschiedlichen Stadien des Immobilienmarkt-zyklus, in der sich der einzelne Standort befindet, bestimmen.

Sie ist ein Konstrukt des amerikanischen Immobilienunternehmens Jones Lang LaSalle und trägt der Tatsache Rechnung, dass die Immobilienkonjunktur weltweit keinen einheitlichen Verlauf nimmt und auch innerhalb eines Landes verschiedene räumliche Entwicklungsten-denzen zeitigt. In der einer Uhr nachempfundenen ziffernblattähnlichen Darstellung wird die Stellung der Entwicklungschancen der Objekte verschiedener immobilienwirtschaftlichen Zentren dargestellt.

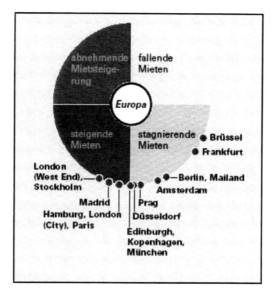

Die „Uhr" darf allerdings nicht so interpretiert werden, dass sämtliche Immobilienzentren quasi im gleichen Tempo um das Ziffernblatt kreisen, etwa wie der Minutenzeiger.

- zwischen „0 und 3 Uhr" entspricht, entwickeln sich die Büromieten nach unten,

- zwischen „3 und 6 Uhr" streben sie dem Tiefpunkt entgegen,

- zwischen „6 und 9 Uhr" kommt es zu zunehmenden Mietsteigerungen,

- bis „12 Uhr" nehmen die Mietsteigerungen ab um dann mit dem konjunkturellen Reigen neu zu beginnen.

Eine andere bekannte Darstellungsvariante ist die Sinus-Kurve. Auf ihr bewegen sich alle Standorte, jedoch mit unterschiedlichen „Geschwindigkeiten". Der horizontale Meridian bildet die angestrebte Rendite μ ab, während die Abstände die Standardabweichung σ dar-stellen. D.h. fällt die Rendite in Land A , steigt sie im Gegenzug in Land B wieder an. Vor-ausgesetzt der Korrelationskoeffizient ist genau (–)1. Demnach existiert eine genau gegen-läufige Rendite-Entwicklung.

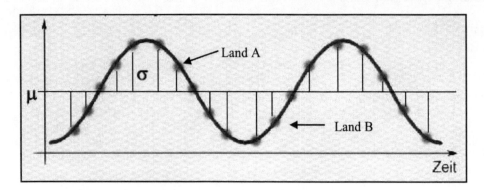

3.1.1.3   Währungs-Allocation

Die Währungs-Allocation muss nicht zwingend mit der Länderdiversifikation übereinstimmen, da wie z.B. in der europäischen Währungsunion alle Länder wohl die gleiche Währung haben, sie aber dennoch in unterschiedlichen Stadien des Immobilienmarktzyklus sein können.

Während das Wechselkursrisiko die Schwankungen zwischen Währungen darstellt, handelt es sich beim Währungsrisiko um den Renditeunterschied der Anlage in ausländischer Währung zur Rendite der gleichen Anlage in der Heimatwährung.

Die Komplexität der Sache entsteht dadurch, dass die Korrelationen zwischen den Devisen- und Immobilienmärkten nicht perfekt bzw. teilweise auch negativ sind. Somit muss nicht nur die Korrelation der Wechselkurse berücksichtigt werden, sondern auch die Korrelation der Währung der einzelnen Immobilienstandorte.

3.1.2   Taktische Asset-Allocation

Die taktische Asset-Allocation baut auf die Ergebnisse der strategischen Asset-Allocation auf, wobei die gleichen Anlagepräferenzen zugrunde gelegt werden.

3.1.2.1   Sektor- und Titel-Allocation

In der Sektor- und Titel-Allocation geht es in erster Linie um die Fragen:

❑   **In WAS wird investiert**   ❑   **WO wird investiert**
    (Risikopräferenzen des Anlegers)   **(Markt- und Standortanalyse)**

- Wohnimmobilien   • Welches Land
- Gewerbeimmobilien   • Welche Stadt
- Freizeitimmobilien   • Welche Straße
- Single-Use-Immobilien

3.1.2.2   Anlagestrategien

Neben der dargestellten Vorgehensweise zur Strukturierung des Portfolios kann im Rahmen dar Investitionspolitik generell zwischen zwei Anlagestrategien unterschieden werden.

❑   **Aktive Strategie**

Ziel der aktiven Strategie ist es, die Performance des Portfolios aus der strategischen Asset-Allocation durch Über- oder Untergewichtung zu übertreffen. Neben dem absoluten Anlagerisiko des Portfolios entsteht somit zusätzlich ein relatives Abweichungsrisiko zur Benchmark.

❑   **Passive Strategie**

Die passive Strategie versucht den Benchmark so genau wie nur möglich abzubilden. Dadurch erhöht sich zwar nicht das Risiko, es lässt jedoch auch keine Möglichkeit zur Erzielung einer Überrendite zu.

3.2   Immobilieninvestments als Asset-Klasse

Seit jeher zählen Immobilien zu den klassischen Kapitalanlagemöglichkeiten (Asset), die zur strukturierten Anordnung bzw. Kombination (Allocation) von so genannten Single-Asset-Portfolios als auch von Multi-Asset-Portfolios genutzt werden. Zweck dieser Asset Allocation ist die Erzielung einer angemessenen Portfolioperformance durch Bildung effizienter Portfolios. Für die optimale Aufteilung des verfügbaren Kapitals ist es notwendig, dass die Anleger ihre Anlageentscheidungen auf der Basis des Erwartungswerts der Renditen und deren Streuung treffen (wie in Abschnitt 2 beschrieben). Wie aus der Portfoliotheorie von Markowitz bekannt, lassen sich dabei effiziente Portfolios mittels der optimalen Aufteilung des Gesamtportfolios in verschiedene Anlageklassen und/oder Länder sowie Branchen bilden.

Traditionell gelten Immobilien als relativ sichere Anlageklasse. Gerade deshalb hat sich die direkte und indirekte Immobilienanlage neben Aktien und Anleihen als ein wesentlicher Teil innerhalb langfristiger und strategischer Anlageentscheidungen der Investoren etabliert. Vielmehr lässt sich vor allem bei den institutionellen Investoren, die typischerweise Portfolioanlagen betreiben, ein gesteigertes Interesse an Immobilieninvestitionen feststellen, zumal durch geeignete Auswahl verschiedener, Länder übergreifender Immobilieninvestments die Möglichkeit zur Risikoabsicherung besteht. Diese Absicherung kann aus günstigen Risikokorrelationen der einzelnen Immobilienanlagen resultieren, die zur Risikostreuung führen. Aufgrund niedriger Korrelationen zu anderen Anlageklassen wie Aktien oder Anleihen müssen Immobilien bei den Vermögensdispositionen der Investoren berücksichtigt werden. Diese Risikodiversifizierung ist aber auch einer der wichtigsten Gründe für private Investoren, anstelle von direkten Immobilieninvestments zum Beispiel Anteilscheine von Offenen Immobilienfonds zu erwerben. Somit rückt für Investoren verstärkt die Frage in den Vordergrund, in welchen Ländern an welchen Standorten in welche Nutzungsformen sinnvoll, d.h. nachhaltig, investiert werden kann. Hierbei kann die Asset Allocation in der Immobilienwirtschaft helfen.

3.3   Risikoorientiertes Portfoliomanagement

Entwicklung eines Portfolio- und Risikomanagementsystems

Durch das Portfoliomanagement einer Immobiliengesellschaft lässt sich die Gesamtrisikoposition optimieren, was einen erheblichen Wertzuwachs bewirken kann. Dabei muss neben den erwarteten Erträgen der Einzelimmobilien und der mit diesen verbundenen (objektspezifischen) „unsystematischen Risiken" insbesondere auch auf objektübergreifende systematische Risikofaktoren eingegangen werden. Das Portfoliomanagement trägt damit zu einer günstigen Wertentwicklung des Gesamtportfolios maßgeblich bei und hilft zudem – gerade vor dem Hintergrund des Basel II Akkords der Kreditinstitute – den erforderlichen Finanzierungsrahmen zu adäquaten Konditionen zu sichern.

Um das Portfoliomanagement einer Immobiliengesellschaft als wesentlichen Erfolgsfaktor etablieren zu können, bietet sich folgende Vorgehensweise an, die sich in der Praxis bereits in vielen Projekten bewährt hat:

a) Konzipierung eines Bewertungsmodells für einzelne Immobilien

Zunächst sollte ein einheitliches Bewertungsmodell für sämtliche Immobilien vereinbart werden. Dabei wird beispielsweise der Wert einer Immobilie nach einer festgelegten Vorschrift in Abhängigkeit von allgemeinen Einflussfaktoren (d.h. „Risikofaktoren", wie z.B. vereinbarte Miete, marktübliches Mietniveau, Liegenschaftszins (abhängig z.B. auch vom Kapitalmarktzins), Grad der Inflationsindexierung oder Mietbindungsdauer) berechnet.

Wert = Miete · f(Kapitalmarktzins, Nutzungsart, Leerstand, ...)

Theoretische Grundlage derartiger Bewertungsmodelle ist dabei in der Regel ein Ertragswertansatz bei dem die zukünftig erwarteten, unsicheren Erträge (oder Cashflows) der erwarteten Nutzungsdauer mit einem dem jeweiligen (aggregierten) Risiko angemessenen Zinssatz auf den heutigen Zeitpunkt abgezinst werden. Zur Vereinfachung werden dabei meist ergänzende Annahmen (z.B. Konstanz der zukünftigen Mieten) herangezogen, um einfach nutzbare Bewertungsformeln (siehe Abbildung Seite 47) zu erhalten.

Die einheitliche Bewertungsvorschrift führt zu einer hohen Transparenz der Beurteilung, vergleichbaren Bewertungsergebnissen für die einzelnen Immobilien und zeigt vor allem auf, dass bestimmte „Werttreiber" (wie z. B. der Kapitalmarktzins) auf sämtliche Immobilien einwirken. Im Vergleich zu üblichen Verkehrswertgutachten erlauben diese (softwaregestützten) Bewertungsmodelle eine sehr kostengünstige Bewertung, die durchaus auch kurzfristig (z. B. einmal im Monat) an veränderte Rahmenbedingungen (z. B. geänderte Inflationsrate oder Zinsen) angepasst werden kann. Natürlich muss der hohe Grad an Effizienz und Transparenz damit erkauft werden, dass nicht jeder bewertungsrelevante Detailaspekt von Einzelimmobilien mit in die Bewertung einfließen kann. In sehr großen Immobilienportfolios spielt dies jedoch kaum eine Rolle, da sich diese Einzelaspekte über die Größe des Portfolios üblicherweise weitgehend ausgleichen. In der Praxis besteht ergänzend die Möglichkeit, immobilienspezifisch derartige „Bewertungskorrekturen" aus den Verkehrswertgutachten in die einheitlichen Bewertungsmodelle zu integrieren. Mit einem derartigen Immobilien-

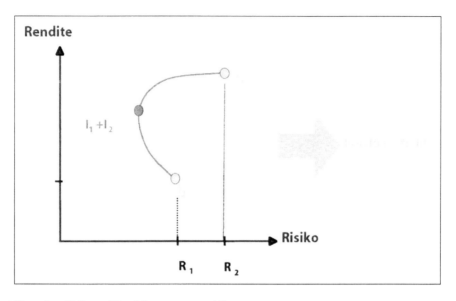

Entwicklung eines Risiko- und Portfoliosteuerungsmodells

Bewertungsmodell wird somit eine einfache Bewertung des Gesamtportfolios (durchaus in Abhängigkeit unterschiedlicher Szenarien) ebenso möglich, wie die Identifikation der „systematischen" Risikofaktoren, was gerade durch die Aufaddierung von Werten aus Verkehrswertgutachten grundsätzlich nicht möglich ist.

Dieser Vorgehensweise bei der Durchführung der Bewertung wird in den Standardsoftwares der FutureValue Group AG, wie z.B. „Strategie Navigator – Value Manager Edition" unterstützt.

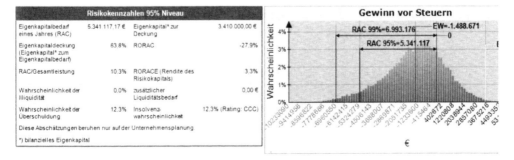

Darstellung wichtiger Kennzahlen sowie die Verteilungsfunktion der Unternehmensgewinne aus der Simulation

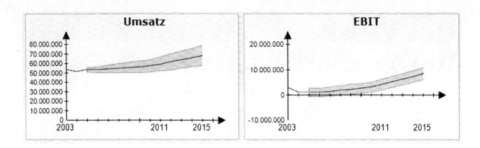

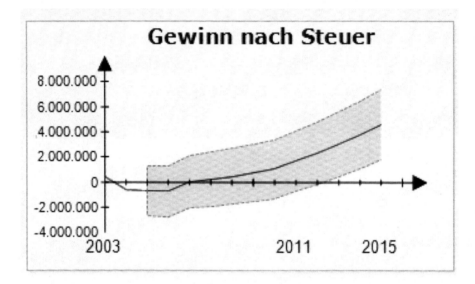

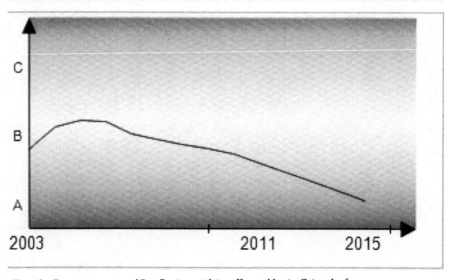

Darstellung der Erwartungswert und Bandbreiten wichtiger Kennzahlen im Zeitverlauf

b) Identifikation und Quantifizierung der Risikofaktoren

Auf Grundlage des Immobilien-Bewertungsmodells (vgl. 1.) werden nunmehr diejenigen Einflussfaktoren extrahiert, die den Wert der Immobilien beeinflussen, aber nicht als sicher angesehen werden können. Dies sind beispielsweise die Inflationsrate, der Kapitalmarktzins und das „allgemeine Mietniveau" (meist getrennt betrachtet in Abhängigkeit von Nutzungsart und Region), aber auch unsystematische Faktoren (z.B. die Schwankungen der Leerstandsquote). Für jeden dieser allgemeinen Risikofaktoren und die spezifischen Risiken, die normalerweise durch die Kenntnisse eines Risikoanalyseprozesses ergänzt werden, muss nun nach einer möglichst optimalen Beschreibung des Grads und des Umfangs der damit verbundenen Unsicherheit gesucht werden.

Immo-bilien	Miete(Soll) (M)		Leerstand (L)	Liegen-Schaftszins (i)		Wert (W)	Risiko bezügl. Wert
I_0	Marktübliche Miete bei Vollvermietung	$R_2=$ 100	Immobilien Spezifisch	$i_{Region,Nutzung}$	$R_1=$ 5%	$W=\dfrac{Mx(1-L)}{i}$	VaR zum 5%-Niveau
I_1	100 ← 0,7		0% $\left\{\begin{array}{l}0\% \\ 5\%\end{array}\right.$	7% ← 0,8		1250	-250
I_2	150 ← 0,5		5% $\left\{\begin{array}{l}6\% \\ 10\%\end{array}\right.$	5% ← 0,1		2850	-285
I_3	300 ← 0,5		10% $\left\{\begin{array}{l}0\% \\ 10\%\end{array}\right.$	5% ← 0,1		5400	-540
Σ	550		6,8%	5,4%		9500	Nicht addierbar!

Risikofaktoren: R₁...Kapitalmarktzins
(Werttreiber) R₂... Index für die Marktmieten
mit den zugehörigen Sensitivitäten auf W

$EK^{min}= 8700$

$\dfrac{?EK}{EK} = \dfrac{800}{9500} = 8,4\%$

Ein einfaches Bewertungsmodell mit Risikofaktoren

Im einfachsten Fall können dabei realistische Bandbreiten für diese Risikofaktoren angegeben werden, die den Umfang möglicher Abweichungen vom erwarteten Szenario zeigen. Beispielsweise kann man die erwartete Inflationsrate, die über die Indexierung die zukünftig erwarteten Mieten bestimmt, wie folgt beschreiben: *„2 % ± 1 %"*. Da größere Abweichungen von dem erwarteten Szenario (der optimalen Prognose) meist immer unwahrscheinlicher werden, bietet es sich in der Regel an, Risikofaktoren durch geeignete Wahrscheinlichkeitsverteilungen zu beschreiben, die dies berücksichtigen (z. B. Normalverteilung oder Log-Normalverteilung). Im Beispiel aus der folgenden Abbildung sind die systematischen risikobehafteten Einflussfaktoren (Risikofaktoren) auf den – hier sehr einfach berechneten – Immobilienwert (W) der Kapitalmarktzins (R1) und der Mietpreisindex (R2). Beide haben Einfluss auf den Ertrag, das Gesamtrisiko und den Wert einer Immobilie, wobei die Stärke dieses Einflusses (Sensitivität) meist nutzungsartspezifisch ist.

c) Analyse und Bewertung des Risiko-Rendite-Profils des Portfolios

Nachdem man ein einheitliches Bewertungsmodell für die Immobilien erstellt und die Daten sämtlicher Immobilien anhand dieses Modells ausgewertet hat, kann man nunmehr die Informationen über die Risiken mit in das Kalkül einbeziehen. Ein Verfahren, das simultan die Wirkungen sämtlicher Risikofaktoren (einschließlich ihrer Korrelationen) hinsichtlich des Ertrags und des Wertes eines Immobilienportfolios auswerten kann, ist die so genannte Monte-Carlo-Simulation (Risikosimulation). Bei diesem Verfahren wird eine große, repräsentative Anzahl möglicher Zukunftsszenarien bezüglich der Risikofaktoren durchgespielt, um eine Vorstellung von der realistischen Bandbreite für Mieterlöse, Gewinn und Wert eines Immobilienportfolios zu erhalten (vgl. Abschnitt 4.2.3.5 zur Nutzung der Ergebnisse für die Bestimmung von Diskontierungszinsen und Bewertung in Rahmen der dynamischen Investitionsrechnung). Mit Hilfe dieses Analyseinstrumentariums ist es möglich, sowohl das im Mittel zu erwartende Ergebnis als auch die realistischen Bandbreiten (mithin das Risiko) zu beurteilen. Ein so ableitbares Risikomaß ist der „Value-at-Risk". Der Value-at-Risk gibt an, welcher Wertverlust einer Immobilie oder eines Portfolios innerhalb (z.B.) eines Jahres mit (z.B.) 95 %-iger Sicherheit durch die simultane Wirkung aller Risiken nicht überschritten wird. Damit ist der Value-at-Risk eine Art „wahrscheinlicher Höchstschaden". Für die Optimierung eines Portfolios können derartige Analysen natürlich in unterschiedlichen Varianten durchgespielt werden, was den Vergleich von Kauf- und Verkaufsentscheidungen vor dem Hintergrund der Veränderung des Rendite-Risiko-Profils des Portfolios als Ganzes ermöglicht. Ein solches Risiko- und Portfoliomanagementsystem erlaubt damit zusammenfassend

- die Bewertung des Portfolios (in alternativen Szenarien),
- die Quantifizierung der (aggregierten) Risiken,
- die Identifikation der den Wert und den Risikoumfang bestimmenden Faktoren und ihre relativen Bedeutung sowie,
- die Beurteilung der Sinnhaftigkeit von Portfolioumschichtungen (Käufen und Verkäufen) unter Berücksichtigung der Wechselwirkung mit dem Gesamtportfoliobestand.
- Von der Steuerung des Immobilien-Portfolios zur integrierten Gesamtsteuerung der Immobiliengesellschaft

Wie eingangs bereits erwähnt, ist der Wert einer Immobiliengesellschaft (als Erfolgsmaßstab) von einer Vielzahl von Faktoren – z. B. auch der Finanzierung – abhängig. Aufbauend auf dem eigentlichen Management des Immobilienportfolios können somit wertorientierte Gesamtsteuerungsmodelle für die Immobiliengesellschaft als Ganzes entwickelt werden, die auch die Finanzierung (Passivseite der Bilanz) und die Erfolgsrechnung mit einbeziehen. Nachfolgend wird ein derartiges integriertes Gesamtsteuerungsmodell vorgestellt, das sich an dem bei der Bayerischen Immobilien AG entwickelten System anlehnt.

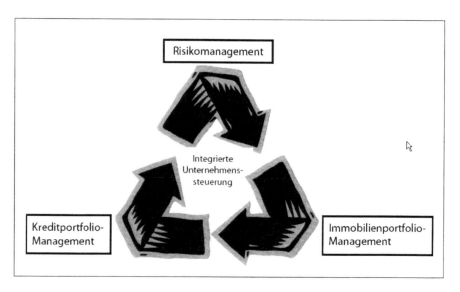

Integrierte Unternehmenssteuerung

Ausgangspunkt bei der Erstellung eines Risiko- und Portfoliomanagementsystems ist die Überlegung, ein Modell zu erstellen, das nicht einzig dem Risikomanagement dient, sondern die Bereiche

- Risikomanagement,
- Immobilienportfolio-Management,
- Kreditportfolio-Management sowie

die Durchführung von Szenarioberechnungen im Kontext einer wertorientierten Unternehmenssteuerung integriert.

Insgesamt ergibt sich so folgende Struktur des Portfoliomodells: Die Immobilien und Kredite werden zu Marktpreisen dargestellt, und nicht zu Bilanzwerten. Damit sind die Immobilienwerte (Aktiva) von den Marktmieten abhängig, unterliegen also einem Marktpreisrisiko. Zum anderen besteht aber (über den Liegenschaftszins) auch eine Abhängigkeit vom Kapitalmarktzins. Dieser wiederum beeinflusst aber auch die Marktwerte der Kredite (Passiva). Je höher die Zinsbindung (Duration) einer Verbindlichkeit, desto größer das Zinsänderungsrisiko. Die Risiken werden letztendlich also als (zufällige) Schwankungen von Determinanten des Unternehmenswertes – wie Zins, Miete oder Leerstandsquoten – erfasst. Für verschiedene Modellparameter werden dabei Wahrscheinlichkeitsverteilungen (i.d.R. Normalverteilungen) sowie die Korrelationen zwischen den entsprechenden Risikofaktoren empirisch ermittelt.

Risikofaktoren bezüglich des Immobilienwertes sind in diesem Portfoliomodell die Kapitalmarktzinsen, die Marktmieten, die Leerstandsquote und die bei Mietindexierungen relevante Inflationsrate. Über den im Modell geschätzten Marktwert der Immobilien beeinflussen so also Risikofaktoren, wie die Zinsen, das Eigenkapital des Unternehmens. Schwankungen der Zinsen führen so zu Schwankungen des Eigenkapitals (Net-Asset-Value).

4 Finanzmathematische Grundlagen – Methoden der Investitionsrechnung

4.1 Exkurs Zinseszins- und Rentenrechnung

❑ **Verwendete Symbole:**

$i = \dfrac{p}{100}$ = Zinsfaktor

$q = 1 + i$ = Zinsterm

$q = (1 + i)^n$ = Aufzinsungsfaktor (AuF)

$q = (1 + i)^{-n}$ = Abzinsungsfaktor (AbF)

n = Laufzeit in Jahren

K_n = Kapital nach n Jahren (Endkapital)

K_0 = Barwert (Anfangskapital)

4.1.1 Zins- und Zinseszinsrechnung

❑ **Zinsrechnung:**

Bei der einfachen Zinsrechnung werden die Zinsen nicht kapitalisiert (dem Kapital zugeschlagen), somit wird der Zinseszinseffekt nicht berücksichtigt.

$$K_n = K_0 * (1 + n * i)$$

❑ **Zinseszinsrechnung:**

Die Zinseszinsrechnung ist dadurch gekennzeichnet, dass die Zinsen kapitalisiert werden und damit laufend mitverzinst werden. Durch Zinsen auf die Zinsen entsteht der so genannte Zinseszinseffekt. Betrachtet werden folgende Werte:

- das Anfangskapital: K_0

- der Zinsfaktor: $i = \dfrac{p}{100}$

- der Zinsterm: $q = 1 + i$

Daraus ergibt sich die Zinseszinsformel, die den Kapitalbestand nach n Jahren mithilfe des Aufzinsungsfaktors (AuF) errechnet:

$$K_n = K_0 * \text{AuF}$$

Zur Erinnerung:

$$q^n = \text{Aufzinsungsfaktor} = (1 + i)^n$$

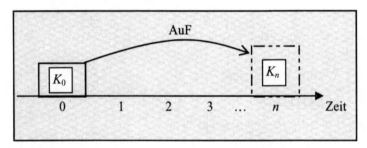

Barwert wird zum Endkapital aufgezinst

Die Problemstellung der Zinseszinsrechnung wird an einem einfachen Beispiel deutlich: Werden 40.000 € in $n = 10$ Jahren mit einem Prozentsatz von $p = 3{,}0\,\%$ verzinst, so ergibt sich mit der

- einfachen Zinsrechnung:

$$K_1 = 40.000 * (1 + 1 * 0{,}03) = 41.200$$
$$K_{10} = 40.000 * (1 + 10 * 0{,}03) = 52.000$$

ein Endkapital von 52.000 €.

- Zinseszinsrechnung:

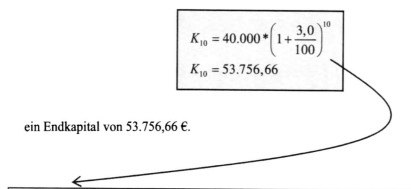

$$K_{10} = 40.000 * \left(1 + \frac{3,0}{100}\right)^{10}$$

$$K_{10} = 53.756,66$$

ein Endkapital von 53.756,66 €.

| Wert ohne Berechnung einfach ablesbar im Anhang: Tabellen für finanzmathematische Faktoren. |

Der Ergebnis Vergleich zeigt deutlich den Zinseszins-Effekt; hier 1.757€:

53.757 € – 52.000 € = 1.757 €

❑   **Graphische Darstellung der Wirkung des Zinseszinseffektes**

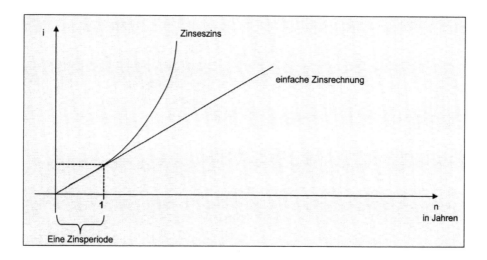

Allgemeine Aufgabenstellungen, die mithilfe der Zinseszinsrechnung gelöst werden können:

❑   Welchen Barwert (Anfangskapital) hat ein Betrag von 1.000 €, der am Ende des 5. Jahres bei einem Zinssatz von 5 % zur Verfügung steht?

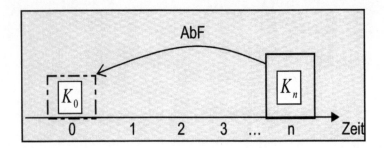

Endkapital wird mithilfe des Abzinsungsfaktors (AbF) zum Barwert abgezinst

Ansatz:

$$K_0 = K_n * AbF$$

Zur Erinnerung: andere Schreibweise:

$$q^{-n} = \text{Abzinsungsfaktor} = (1+i)^{-n}$$ $$(1+i)^{-n} = \frac{1}{(1+i)^n}$$

Beispiel:

$$K_0 = 1.000 * 1,05^{-5}$$ $$K_0 = 1.000 * \frac{1}{(1+0,05)^5}$$

$$K_0 = 1.000 * 0,783526 \longrightarrow$$ Wert ohne Berechnung ablesbar in den Tabellen des mathematischen Anhangs (Abschnitt 9).

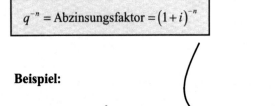

$$K_0 = 783,53 \text{€}$$

Ergebnis: Der Betrag hat einen Barwert von 783,53 €.

❑   Welcher Betrag ist heute anzulegen (welcher „Barwert"), damit in zehn Jahren bei einer jährlichen Verzinsung von 3,5 % 60.000 € zur Verfügung stehen?

Ansatz:

$$K_0 = \frac{K_n}{q^n}$$

Beispiel:

$$K_0 = \frac{60.000}{1,035^{10}} \quad \Rightarrow \quad K_0 = \frac{60.000}{1,410599} \quad \Rightarrow \quad K_0 = 42.535,13 \ \text{€}$$

Wert ohne Berechnung einfach ablesbar in den Tabellen des mathematischen Anhangs (Abschnitt 9).

Ergebnis: Als Barwert sind heute 42.535,13 € anzulegen.

❑   Welcher Zinssatz müsste gelten, damit sich ein Barwert innerhalb von 20 Jahren verdoppelt hat?

Ansatz:

$$q = \sqrt[n]{\frac{K_n}{K_0}}$$

Beispiel:

$$q = \sqrt[20]{\frac{2 * K_0}{K_0}} \quad\quad q = \sqrt[20]{2} \quad \Rightarrow \quad q = 1,0353$$

Zur Erinnerung: $q = 1 + i$

$\quad\quad\quad\quad\quad\quad\quad\quad 1,0353 = 1 + i \quad\quad \Rightarrow \quad i = 1,0353 - 1$

$\quad\quad\quad\quad\quad\quad\quad\quad i = 0,0353$

Zur Erinnerung: $i = \dfrac{p}{100}$

$\quad\quad\quad\quad\quad\quad\quad\quad 0,0353 = \dfrac{p}{100} \quad\quad \Rightarrow \quad p = 0,0353 * 100$

$\quad\quad\quad\quad\quad\quad\quad\quad p = 3,53$

Ergebnis: Bei einem Zinssatz von jährlich 3,53 % verdoppelt sich der Barwert innerhalb von 20 Jahren.

4.1.2   Rentenrechnung

Die Rentenrechnung ist eine spezielle Zinsrechnung und findet immer dann Anwendung, wenn die Zahlungsreihe Werte in gleicher Höhe (= Rente; Annuität) umfasst. Im Allgemeinen bei der Zinsrechnung, aber insbesondere bei der Rentenrechnung ist von Bedeutung, ob eine Zahlung zu Beginn einer Periode oder am Ende einer Zahlungsperiode kapitalisiert (valutiert) wird. Erfolgt die Zahlung am Periodenanfang ist sie vorschüssig, bei Wertstellung am Ende der Zahlungsperiode ist sie nachschüssig. Diesen Zusammenhang zeigt die folgende Abbildung:

❑   **Zeitpunkte der Einzahlungen *ar* in der Zahlungsreihe *t*:**

	T_0	t_1	t_2	t_3	t_4
vorschüssig	ar_0	ar_1	ar_2	ar_3	ar_4
nachschüssig		ar_1	ar_2	ar_3	ar_4

$$(1 + i)^n \qquad\qquad\qquad\qquad\qquad\qquad (1 + i)^{n-1}$$

1. Jan. 2005   31. Dez. 2005

Zurück zur Rentenrechnung: Der Vorteil der Rentenrechnung liegt darin, dass nicht jeder Zeitwert einer Zahlungsreihe auf- bzw. abgezinst werden muss, sondern in einem Rechengang die gesamte Zahlungsreihe, mit Hilfe der Rentenformeln, auf- bzw. abdiskontiert werden kann.

❑   **Symbole, die in den Rentenformeln verwendet werden:**

> ar = Annuität/gleich bleibende Rentenzahlung
> q = Zinsterm ($q = 1 + i$)
> R_0 = Rentenbarwert
> R_n = Rentenendwert (nach n Jahren)

❑   **Abkürzungen:**

> EWF: Rentenendwertfaktor
>
> DSF: Diskontierungssummenfaktor/Rentenbarwertfaktor
>
> RVF: Restwertverteilungsfaktor/Rückwärtsverteilungsfaktor
>
> KWF: Kapitalwiedergewinnungsfaktor/Annuitätenfaktor

Deutlich wird dies an folgendem Beispiel:

❑ Ein Mietvertrag läuft in fünf Jahren aus. Die jährliche Mietzahlung beträgt 20.000 €, bei einem zugrunde gelegten Zinssatz von 5 %. Wie hoch wäre der Betrag, den der Mieter in einer Summe zum heutigen Zeitpunkt zu zahlen hätte?

Rentenrechnung ohne Rentenformel:

$$R_0 = \frac{20.000}{1+0,05} + \frac{20.000}{(1+0,05)^2} + ... + \frac{20.000}{(1+0,05)^5} = 86.589,53€$$

Rechenweg mit Rentenformel:

$$R_0 = 20.000 * \left(\frac{1,05^5 - 1}{0,05 * 1,05^5} \right) = 86.589,53€$$

Der Faktor $\left(\dfrac{1,05^5 - 1}{0,05 * 1,05^5} \right)$ vereinfacht hierbei die Rentenrechnung, da dieser die einzelnen Annuitäten (gleich bleibende Rentenzahlungen) in einem Rechenvorgang erfasst. Eine ausführliche Behandlung erfolgt in Abschnitt 4.1.2.1.

4.1.2.1 Nachschüssige Zahlungsweise

❑ **Ausgangsbeispiel:**

Gegeben:

- n = 8 Jahre
- p = 4,0 %
- ar = 18.000 €
- Zahlungen erfolgen jeweils am Periodenende

❑ **Rentenendwertfaktor (EWF_n): Zur Bestimmung des Rentenendwertes**

$$R_n = ar * \left(\frac{q^n - 1}{i} \right)$$

bzw.

$$R_n = ar * EWF_n$$

Gegebene Parameter, die in die Formel eingegeben werden:

- gleich bleibende Rentenzahlung/Annuität (ar)
- Zinssatz (p)   zur Erinnerung: $\left(p = i * 100; q = 1 + i \right)$
- Laufzeit (n)

Ausgangsbeispiel:

$R_n = 18.000 * EWF_n$ ⟹ $R_n = 18.000 * 9,214226$

⟹ $R_8 = 165.856,07$ €

Ergebnis: Nach 8 Jahren wurde bei einem angenommenen Zinssatz von 4 % ein Endkapital von angespart.

❑ **Graphische Darstellung des Rechengangs:**

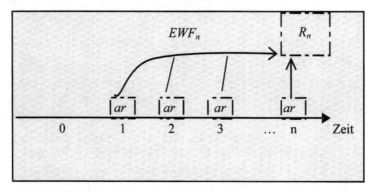

Alle Annuitäten werden zum Rentenendwert aufgezinst

❑ **Rentenbarwertfaktor (DSF_n):**

Zur Bestimmung des Rentenbarwertes

$$R_0 = ar * \left(\frac{q^n - 1}{i * q^n} \right)$$

bzw.

$$R_n = ar * DSF_n$$

Gegebene Parameter, die in die Formel eingegeben werden:

- Annuität (ar)
- Zinssatz (p)   zur Erinnerung: $(p = i * 100; q = 1 + i)$
- Laufzeit(n)

Ausgangsbeispiel:

$R_0 = 18.000 * DSF_n$ ⟹ $R_0 = 18.000 * 6,732745$

⟹ $R_0 = 121.189,41$ €

Ergebnis: Der Barwert dieser Investition betrug 121.189,41 €.

❑   **Graphische Darstellung des Rechengangs:**

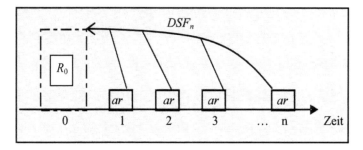

Alle Annuitäten werden zum Rentenbarwert abgezinst

❑   **Restwertverteilungsfaktor (RVF_n):**

Zur Bestimmung der Annuität anhand gegebenem Rentenendwert

$$ar = R_n * \left(\frac{i}{q^n - 1} \right)$$ $$R_n = ar * RVF_n$$

bzw.

Gegebene Parameter, die in die Formel eingegeben werden:

- Rentenendwert (R_n)
- Zinssatz (p)   zur Erinnerung: $\left(p = i * 100; q = 1 + i \right)$
- Laufzeit (n)

Ausgangsbeispiel:

$ar = 165.856,07 * RVF_n$

⇨ $ar = 165.856,07 * 0,108528$ ⇨ $ar = 18.000$ €

❑   **Graphische Darstellung des Rechengangs:**

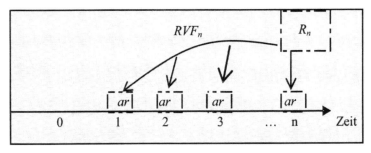

Mit gegebenem Rentenendwert Bestimmung der Annuität möglich

❑   **Annuitätenfaktor (KWF):**

Zur Bestimmung der Annuität anhand gegebenem Rentenbarwert

$$ar = R_0 * \left(\frac{i*q^n}{q^n - 1} \right)$$

bzw.

$$R_n = ar * KWF_n$$

Gegebene Parameter, die in die Formel eingegeben werden:

- Rentenbarwert (R_0)
- Zinssatz (p)   zur Erinnerung: $(p = i * 100; q = 1 + i)$
- Laufzeit (n)

Ausgangsbeispiel:

$ar = 121.189,41 * KWF$

⟹ $ar = 121.189,41 * 0,148528$ ⟹ $ar = 18.000$ €

❑   **Graphische Darstellung des Rechengangs:**

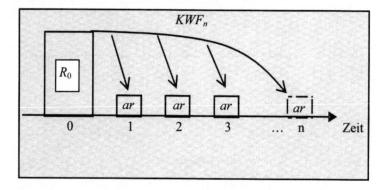

Mit gegebenem Rentenbarwert Bestimmung der Annuität möglich

❑   **Zur Bestimmung des Zinssatzes anhand gegebener Rentenwerte**

$$f(i) = -R_0 + ar * \left(\frac{q^n - 1}{i*q^n} \right)$$

bzw.

$$f(i) = -R_0 + ar * DSF_n$$

Gegebene Parameter, die in die Formel eingegeben werden:

- Rentenbarwert (R_0)
- Laufzeit (n)
- Annuität (ar)

Ausgangsbeispiel:

$$f(i) = -121.189,41 + 18.000 * DSF_n$$

$\Rightarrow$ $\quad 0 = -R_0 + ar * DSF_n$

$\Rightarrow$ $\quad R_0 = \dfrac{ar*(q^n-1)}{i*q^n}$

$\Rightarrow$ $\quad R_0*(i*q^n) = ar*(q^n-1)$

$\Rightarrow$ $\quad i = \dfrac{ar*(q^n-1)}{R_0*q^n}$

$\Rightarrow$ $\quad i = \dfrac{18.000*(1,04^8-1)}{121.189,41*1,04^8}$

Ergebnis: $i = 0,04$ $\Rightarrow$ $p = 4,0\%$

$$f(i) = -R_n + ar*\left(\dfrac{q^n-1}{i}\right)$$

bzw.

$$f(i) = -R_n + ar * EWF_n$$

Gegebene Parameter, die in die Formel eingegeben werden:

- Rentenendwert (R_n)
- Laufzeit (n)
- Annuität (ar)

Ausgangsbeispiel:

$$f(i) = -R_n + ar * EWF_n$$

$\Longrightarrow \qquad 0 = -R_n + ar * EWF_n$

$\Longrightarrow \qquad R_n = \dfrac{ar * (q^n - 1)}{i}$

$\Longrightarrow \qquad R_n * i = ar * (q^n - 1)$

$\Longrightarrow \qquad i = \dfrac{ar * (q^n - 1)}{R_n}$

$\Longrightarrow \qquad i = \dfrac{18.000 * (1,04^8 - 1)}{165.856,07}$

Ergebnis: $i = 0,04 \Longrightarrow \quad p = 4,0\,\%$

4.1.2.2   Vorschüssige Zahlungsweise
Zahlungen erfolgen jeweils am Periodenanfang.

❑   **Rentenendwertfaktor (EWF_v):**

Zur Bestimmung des Rentenendwertes

$$R_n = ar * \left[\frac{q(q^n - 1)}{i}\right]$$ bzw. $$R_n = ar * EWF_v$$

Gegebene Parameter, die in die Formel eingegeben werden:

- gleich bleibende Rentenzahlung/Annuität (ar)
- Zinssatz (p)   zur Erinnerung: $(p = i*100; q = 1 + i)$
- Laufzeit (n)

Ausgangsbeispiel:

$R_n = 18.000 * EWF_v$

$\Longrightarrow \quad R_n = 18.000 * 9,582795 \qquad \Longrightarrow \quad R_8 = 172.490,32\ €$

Ergebnis: Nach 8 Jahren wurde bei einem angenommenen Zinssatz von 4 % ein Endkapital von 172.490,32 € angespart.

❑ **Rentenbarwertfaktor (DSF_v): Zur Bestimmung des Rentenbarwertes**

$$R_0 = ar * \left[\frac{q(q^n - 1)}{i * q^n} \right]$$

bzw.

$$R_n = ar * DSF_v$$

Gegebene Parameter, die in die Formel eingegeben werden:

- Annuität (ar)
- Zinssatz (p)   zur Erinnerung: $(p = i * 100; q = 1 + i)$
- Laufzeit (n)

Ausgangsbeispiel:

$$R_0 = 18.000 * \left[\frac{1,04 * \left(1,04^8 - 1\right)}{0,04 * 1,04^8} \right]$$

⟹ $R_0 = 18.000 * 7,002055$ ⟹ $R_0 = 126.036,98$ €

Ergebnis: Der Barwert dieser Investition betrug 126.036,98 €.

❑ **Restwertverteilungsfaktor (RVF_v):**

Zur Bestimmung der Annuität anhand gegebenem Rentenendwert

$$ar = R_n * \left[\frac{i}{q(q^n - 1)} \right]$$

bzw.

$$R_n = ar * RVF_v$$

Gegebene Parameter, die in die Formel eingegeben werden:

- Rentenendwert (R_n)
- Zinssatz (p)   zur Erinnerung: $(p = i * 100; q = 1 + i)$
- Laufzeit (n)

Ausgangsbeispiel:

$ar = 172.490,32 * RVF_v$

⟹ $ar = 172.490,32 * 0,104354$ ⟹ $ar = 18.000$ €

❑   **Annuitätenfaktor (KWF$_v$):**

Zur Bestimmung der Annuität anhand gegebenem Rentenbarwert

$$ar = R_0 * \left[\frac{i * q^n}{q(q^n - 1)} \right]$$

bzw.

$$R_n = ar * KWF_v$$

Gegebene Parameter, die in die Formel eingegeben werden:

- Rentenbarwert (R_0)
- Zinssatz (p)   zur Erinnerung: $\left(p = i * 100; \; q = 1 + i \right)$
- Laufzeit (n)

Ausgangsbeispiel:

$$ar = 126.036,98 * KWF_v$$

➡ $ar = 126.036,98 * 0,142815$ ➡ $ar = 18.000 \; €$

❑   **Zur Bestimmung des Zinssatzes anhand gegebener Rentenwerte**

Gegebene Parameter, die in die Formel eingegeben werden:

- Rentenendwert (R_n)
- Laufzeit (n)
- Annuität (ar)

$$f(i) = -R_n + ar * \left[\frac{q(q^n - 1)}{i} \right]$$

Ausgangsbeispiel:

$$f(i) = -172.490,32 + 18.000 * EWF_v$$

➡ $0 = -172.490,32 + 18000 * EWF_v$

     $0 = -R_n + ar * EWF_v$

➡ $R_n = \dfrac{ar \left[q(q^n - 1) \right]}{i}$

➡ $i = ar * \left[\dfrac{q(q^n - 1)}{R_n} \right] = 18.000 * \left[\dfrac{1,04 \left(1,04^8 - 1 \right)}{172.490,32} \right]$

$i = 0,04$ ➡ $p = 4\%$

Gegebene Parameter, die in die Formel eingegeben werden:

- Rentenbarwert (R_0)
- Laufzeit (n)
- Annuität (ar)

$$f(i) = -R_0 + ar * \left[\frac{q(q^n - 1)}{i * q^n} \right]$$

Ausgangsbeispiel:

$$f(i) = -126.036,98 + 18.000 * DSF_v$$

$\Rightarrow \quad 0 = -126.036,98 + 18000 * DSF_v$

$0 = -R_n + ar * DSF_v$

$\Rightarrow \quad R_n = \frac{ar\left[q(q^n - 1) \right]}{i * q^n}$

$\Rightarrow \quad i = ar * \left[\frac{q(q^n - 1)}{R_n * q^n} \right] = 18.000 * \left[\frac{1,04(1,04^8 - 1)}{126.036,98 * 1,04^8} \right]$

$i = 0,04 \qquad \Rightarrow \quad p = 4\%$

4.1.2.3   Beispiele

Ein Versicherungsnehmer will sich zur Bebauung seines geerbten Grundstückes die fällige (nach einer Laufzeit von 10 Jahren, nachschüssige Verzinsung) Versicherungssumme von 80.000 € schon ab heute in 10 jährlichen Raten auszahlen lassen. Als Zinssatz sind 7 % anzusetzen. Welchen Betrag erhält er jährlich?

Ansatz: RVF_n: Ermittlung der gleich bleibenden Rentenzahlung

$$ar = R_n * RVF_n$$

$$ar = 80.000 * \left(\frac{0,07}{1,07^{10} - 1} \right) \qquad r = 5.522,36$$

Ergebnis: Jährlich bekommt der Versicherungsnehmer 5.522,36 € ausbezahlt.

Einem Architekten einer Bauunternehmung steht bei der Trennung von ihm eine Abfindung von 20.000 € zu. Er möchte diese über die nächsten fünf Jahre in gleichen Raten, bei nachschüssiger Verzinsung, ausbezahlt bekommen. Welche Summe erhält der Architekt jährlich bei einem angesetzten Zinssatz von 8 %?

Ansatz: KWF_n: Ermittlung der gleich bleibenden Rentenzahlung

$$ar = R_0 * KWF_n$$

$$ar = 20.000 * \left(\frac{0,08 * 1,08^5}{1,08^5 - 1} \right) \quad ar = 5.009,13$$

Ergebnis: Der Architekt erhält jährlich 5.009,13 €.

4.2   Verfahren der Investitionsrechnung

Im nachfolgenden Diagramm werden die unterschiedlichen Verfahren der Investitionsrechnung schematisch dargestellt:

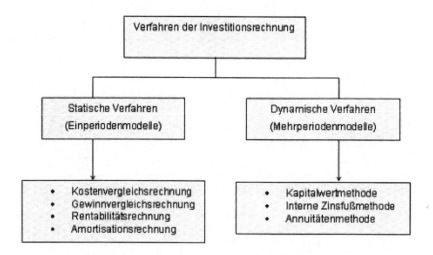

4.2.1   Unterscheidung statischer und dynamischer Verfahren

Generell liegt der Unterschied zwischen den statischen und dynamischen Verfahren darin, dass die statischen Verfahren der Investitionsrechnung zwar grundsätzlich die gleichen Ziele verfolgen wie die dynamischen Verfahren (Entscheidungshilfe bei einer Investitionsalternative), d.h. beide wollen Aussagen über die Vorteilhaftigkeit einer anstehenden Investitionsentscheidung treffen. Aber im Gegensatz zu den einperiodischen, statischen Verfahren wollen die mehrperiodischen, dynamischen Methoden, die auch als finanzmathematische Verfahren bezeichnet werden, die finanziellen Auswirkungen einer Investition über den gesamten Investitionszeitraum t_0 bis t_n erfassen und auswerten.

	Statische Verfahren	Dynamische Verfahren
Zeitperiode	Vernachlässigung	Exakte Berücksichtigung
Umfang der Prognosen	Durchschnitts- oder Anfangsgrößen	Periodenspezifische Größen
Rechengrößen	Erlöse und Kosten	Zahlungswirksam Einnahmen und Ausgaben

Unterschiede zwischen statischen und dynamischen Methoden

4.2.2   Statische Verfahren der Investitionsrechnung

Die im Folgenden näher definierten statischen Verfahren zeichnen sich durch leicht interpretierbare Kenngrößen aus. Darüber hinaus ist die Bestimmung der Kenngrößen sehr unproblematisch, da sie ohnehin im Zusammenhang mit der Kostenrechnung anfallen.

4.2.2.1   Die Kostenvergleichsrechnung

❑   **Definition:**

Dieses Verfahren vergleicht die Kosten von zwei oder mehreren Investitionsalternativen mit identischen Leistungsmerkmalen. Diejenige Alternative mit den geringsten Kosten bzw. der höchsten Kostenwirtschaftlichkeit wird präferiert.

> **Kosten = Kalkulatorische Kosten + Grundkosten (aufwandsgleiche Kosten)**

Kalkulatorische Kosten: Abschreibungen, Zinsen, Wagnis, Miete, Eigenkapital-Zinsen

Grundkosten: Löhne und Gehälter (+ Lohnnebenkosten)
Material-, Energie-, Werkzeugkosten
Instandhaltungs- und Reparaturkosten
Betriebsstoffkosten

$$K = \frac{I_0}{n} + i * \frac{I_0}{2} + K_{fix} + K_{var}$$

❏   Verwendete Symbole:

I_0 = Investition zum Anschaffungszeitpunkt

$\dfrac{I_0}{n}$ = lineare Abschreibung pro Zeiteinheit

$i * \dfrac{I_0}{2}$ = kalk. Zinsen auf das durchschn. gebundene Kapital

n = Perioden der Nutzung

K_{fix} = fixe Kosten

K_{var} = variable Kosten

4.2.2.2   Die Gewinnvergleichsrechnung

❏   **Definition:**

Dieses Verfahren vergleicht die Gewinne von zwei oder mehreren Investitionsalternativen mit identischen Leistungsmerkmalen. Diejenige Alternative mit den höchsten Gewinnen wird präferiert. Die Gewinnvergleichsrechnung erweitert die Auswahl um die Dimension des Ertrags (Verkaufserlöse).

$$\text{Gewinn} = \text{Erlöse} - \text{Kosten}$$

$$G = E - \left(\frac{I_0}{n} + i * \frac{I_0}{2} + K_{\text{fix}} + K_{\text{var}} \right)$$

❏   **Beurteilung:**

Die Gewinnvergleichsrechung ist eine statische, d.h. Ein-Perioden-Betrachtung, die neben Kosten/Auszahlungen auch Erlöse/Einzahlungen berücksichtigt.

4.2.2.3   Die Rentabilitätsvergleichsrechnung

❏   **Definition:**

Die Rentabilitätsvergleichsrechnung relativiert die Gewinn- und Kostenvergleichsrechnung auf das eingesetzte Kapital. Es wird die Investitionsalternative präferiert, bei der das eingesetzte Kapital die höchsten Verzinsungen (Rentabilität) erfährt.

$$\text{Periodenrentabilität } (R) \text{ in } \% = \frac{\text{Gewinn} * 100}{\text{Kapitaleinsatz}}$$

❑ **Beurteilung:**

Durch die Rentabilitätsvergleichsrechnung werden die Schwächen der Kosten- und Gewinnsvergleichsrechnung aufgehoben.

Nachteil: der Risikoaspekt bleibt in der Rentabilitätsvergleichsrechnung unberücksichtigt. Generell leiden die statischen Verfahren daran, dass sie nur eine Periode betrachten. Dieser Mangel wird durch die dynamischen Methoden aufgehoben.

4.2.2.4 Die Amortisationsrechnung

❑ **Definition:**

Die Amortisationsrechnung (auch: Pay-off- oder Pay-back-Methode) ermittelt den Zeitraum, in dem das investierte Kapital über die Erlöse (Liquiditätsrückflüsse) wieder in die Unternehmung zurückfließt. Gedanklich werden die Rückflüsse zur „Tilgung" des eingesetzten Kapitals (Kapitalfreisetzung) verwendet. Jene Investitionsalternative ist die günstigste, die die kürzeste Amortisationszeit aufweist.

$$\text{Amortisationszeit } (AZ) = \frac{\text{Kapitaleinsatz}}{\text{durchschnittlicher Zahlungsrückfluss}}$$

eine, wenn auch nur durchschnittliche Aussage, über die Dauer der Kapitalbindung macht. Dem liegt der Gedanke zugrunde, dass die Unsicherheit einer Investition mit der zunehmenden Dauer der Kapitalbindung größer wird.

Auch wenn scheinbar mehrere Perioden betrachtet werden, handelt es sich bei dieser Methode um eine komparativ-statische Sichtweise, weil auf die Zeitpräferenz des Geldes (Fristentransformation) verzichtet wird und die Zeitwerte gleich den Nominalwerten sind.

❑ **Beispiel:**

Ein Kapitalanleger schafft für sein Immobilieninvestment eine neue Heizungsanlage im Wert von 20.000 € an. Jährlich erhält er dadurch Mietmehreinnahmen von 4.000 € (Alternative: Kosten der Heizungsanlage 26.000 € bei Mietmehreinnahmen von 6.000 € p.a.). Welche Investitionsalternative ist günstiger?

Investitionsalternative A: $AZ = \dfrac{20.000}{4.000} = 5$ Jahre

Investitionsalternative B: $AZ = \dfrac{26.000}{6.000} = 4,33$ Jahre

Ergebnis: Investitionsalternative B ist günstiger, da das eingesetzte Kapital früher freigesetzt (amortisiert) wird.

4.2.2.5   Vergleich der statischen Investitionsverfahren

	Kostenvergleichsrechnung	Gewinnvergleichsrechnung	Rentabilitätsvergleichsrechnung	Amortisationsrechnung
Definition (inhaltlich)	Die Kostenvergleichsrechnung stellt die Kosten zweier oder mehrerer Investitionsalternativen gegenüber.	Die Gewinnvergleichsrechnung vergleicht die Gewinnsituation verschiedener Investitionen unter Berücksichtigung der Erlöse.	Vergleich der ermittelten Rentabilität einer Investition mit der geforderten Mindestverzinsung.	Bestimmung des Zeitraumes, in dem das eingesetzte Kapital durch Erlöse dem Unternehmen wieder zufließt.
Definition (formal)	$K = K_f + K_v + (I_0/n) + (i*(I_0/2))$	$G = E - K$	R (in %) $= (G*100)/$ Kapitaleinsatz (Kap)	$AZ = Kap/$ durchschnittlicher Zahlungsrückfluss
Ziele	Bestimmung der kostenminimalen Investition.	Bestimmung der gewinnmaximalen Investition.	Bestimmung der Investition mit maximaler Rentabilität.	Bestimmung der Investition mit schnellster Kapitalfreisetzung.
Entscheidungsgrundlagen	K_{min}	G_{max}	R_{max}	t_{min}
Vorteile	– einfache Anwendung	– durch Erlösbetrachtung werden verschiedene Qualitäten betrachtet	– rentable/unrentable Bereiche werden transparent	
Nachteile	– lässt die Entwicklung im Zeitablauf unberücksichtigt – setzt Kostenzuordnung voraus – berücksichtigt die Erlöse nicht – keine Aussage bezüglich der Rentabilität	– lässt die Entwicklung im Zeitablauf unberücksichtigt – Nichtberücksichtigung des Kapitaleinsatzes – keine Aussage bezüglich der Rentabilität	– Ertragszurechnung bei Produkten, die in ihrer Produktion mehrere Maschinen durchlaufen ist problematisch	– beachtet die Rückflüsse nach der Amortisationszeit nicht – Wiederbeschaffungskosten bleiben unberücksichtigt
Sonstiges	Theoretische Voraussetzung eines vollkommenen Kapitalmarktes	Tatsächliches Kapital im Rahmen einer Rentabilitätsbetrachtung bleibt unberücksichtigt.	Bestimmung der Verzinsung des durchschnittlich eingesetzten Kapitals.	Praxis: Vorgabe einer Sollzeit, die i.d.R. kürzer ist, als die tatsächliche wirtschaftliche Nutzungsdauer

4.2.3   Dynamische Verfahren der Investitionsrechnung

Die dynamischen Verfahren der Investitionsrechnung helfen dabei, Aussagen über die relative Vorteilhaftigkeit einer Investition gegenüber ihrer Alternative zu treffen. Die dynamischen Verfahren der Investitionsrechnung erfassen im Gegensatz zu den statischen Verfahren (Einperiodenrechnung) die finanziellen Auswirkungen (Ein- und Auszahlungen bzw. zahlungswirksame Einnahmen und Ausgaben) einer Investitionsentscheidung über den gesamten Investitionszeitraum (t_0 bis t_n).

Da die Ein- und Auszahlungen der verschiedenen Perioden auf einen Vergleichszeitpunkt diskontiert werden, wird dem Zinseszinseffekt von Ein- und Auszahlungen zu unterschiedlichen Zeitpunkten Rechnung getragen. Ein- und Auszahlungen (in der Zukunft) liegen nur dann vor, wenn die Eintrittswahrscheinlichkeit 100 % beträgt. Ist das nicht der Fall, so ergeben sich zahlungswirksame Einnahmen und Ausgaben, quasi als Forderungen und Verbindlichkeiten.

❏   **Beispiel:** Ein Mietvertrag mit einer Laufzeit von 10 Jahren erzeugt Mieteinnahmen (Mietforderungen), die jeweils erst mit der konkreten Zahlung (Guthaben) zur Einzahlung (Liquidität) werden.

Die klassischen Verfahren der dynamischen Investitionsrechnung sind die dynamischen Barwertverfahren und Endwertverfahren. Auf die dynamischen Endwertverfahren wird nicht weiter eingegangen, da diese in der Praxis, aufgrund der Tatsache, dass Investitionsentscheidungen zum heutigen Zeitpunkt (t_0) getroffen werden, von nachrangiger Relevanz sind.

Betrachtete klassische Verfahren der dynamischen Investitionsrechnung sind: Kapitalwertmethode, Interne Zinsfußmethode und Annuitätenmethode.

❏   **Merkmale der dynamischen Investitionsrechnung**

• Berücksichtigung der zu verschiedenen Zeitpunkten anfallenden Aus- und Einzahlungen mittels Diskontierung auf einen Vergleichszeitpunkt;
• Möglichst exakte Erfassung aller Ein- und Auszahlungen während des gesamten Betrachtungszeitraums;
• Grundlage der Ein- und Auszahlungen ist ein vollständiger Finanzplan über den gesamten Betrachtungszeitraum;
• Annahme des vollkommenen Kapitalmarktes;

❏   **Entscheidende Größen bei der Berechnung der klassischen Barwertverfahren**

i ist der Kapitalisierungszinsfuß und stellt unter der Prämisse des vollkommenen Kapitalmarkts die vom Investor erwartete Mindestverzinung des eingesetzten Kapitals (Opportunitätskosten) dar;

$\ddot{U}_t$ ist der Überschuss von Ein- und Auszahlungen (Zu- und Abgang liquider Mittel) der jeweiligen Periode;

a_0 ist die Anschaffungsauszahlung der Investition zum Vergleichszeitpunkt (t_0);

RW ist der erwartete angenommene Restwert der Investition zum Ende des Betrachtungszeitraums (t_n);

n ist die Anzahl der Perioden des Betrachtungszeitraums;

r ist der interne Zinsfuß der Investition und entspricht der Internal Rate of Return (IRR).

Ausgangsdaten für die nachfolgenden Beispiele:

Ein Investor bekommt ein Büroobjekt zu einem Kaufpreis i.H.v. 5 Mio. € zuzüglich Erwerbsnebenkosten (3,5% Grunderwerbssteuer und 1,5% Notargebühren) angeboten.

Bei dem kürzlich abgeschlossenen Mietvertrag handelt es sich um einen langfristigen Triple-Net-Vertrag, folglich entsprechen die Nettomieterträge den Operating Cash Flows (OCF). Ferner ist zu beachten, dass eine jährliche Mietstaffel von 10.000,– € vereinbart wurde. Die Nettomiete zu Beginn des Betrachtungszeitraums beträgt € 512.000,– p.a.

Das Objekt soll bei Fremdkapitalkosten von 3,5% zu 50% fremdfinanziert werden. Die individuellen Eigenkapitalkosten betragen 12%.

Betrachtet wird ein 10-Jahres-Zeitraum, zum Ende des Betrachtungszeitraums wird der Restwert mit 4,5 Mio. € angenommen.

Kaufpreis	5.000.000 €
Grunderwerbssteuer	3,5%
Notar	1,5%
Nettomiete	512.000 € p.a.
Staffelmiete	10.000 € p.a.
FK-Zins	3,5%
EK-Zins	12,0%
EK-Quote	50,0%
Restwert	4.500.000 €

$$i = i^{EK} \times \frac{EK}{GK} + i^{FK} \times \frac{FK}{GK}$$

4.2.3.1   Kapitalwertmethode

Die Kapitalwertmethode gibt Auskunft über die relative Vorteilhaftigkeit einer Investition gegenüber ihrer Alternative.

❑   **Allgemeine Formel für die Berechnung des Kapitalwerts**

$$C_0 = -a_0 + \sum_{t=1}^{n} \frac{(\ddot{U}_t)}{(1+i)^t} + \frac{RW}{(1+i)^n}$$

❑   **Berechnung**

Der Kapitalwert ergibt sich allgemein aus der Anschaffungsauszahlung der Investition zum Vergleichszeitpunkt t_0, zuzüglich der Summe der unterschiedlichen, abdiskontierten Überschüsse der jeweiligen Perioden und des abdiskontierten Restwertes der Investition.

$$C_0 = -a_0 + \frac{(\ddot{U}_1)}{(1+i)^1} + \frac{(\ddot{U}_2)}{(1+i)^2} + \frac{(\ddot{U}_3)}{(1+i)^3} + \dots + \frac{(\ddot{U}_n)}{(1+i)^n} + \frac{RW}{(1+i)^n}$$

Bei konstanten Überschüssen (Rentenzahlung) ergibt sich der Kapitalwert aus der Anschaffungsauszahlung der Investition zum Vergleichszeitpunkt t_0, zuzüglich der Rente (Überschuss) multipliziert mit dem Diskontierungssummenfaktor (DSF) und zuzüglich des abdiskontierten Restwerts der Investition.

$$C_0 = -a_0 + \ddot{U} \times DSF + \frac{RW}{(1+i)^n}$$

Bei der Berechnung des Kapitalwertes wird demnach die interne Verzinsung (Überschuss bzw. Cashflows der Investition über den Betrachtungszeitraum) der externen Verzinsung bzw. geforderte Mindestverzinsung (Opportunitätskosten) gegenübergestellt:

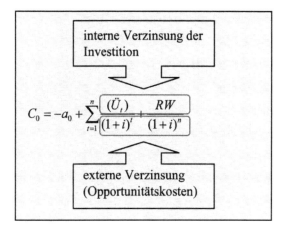

Aus dieser Überlegung ergibt sich das folgende Schaubild:

interne Verzinsung	positiver Kapitalwert $C_0 > 0$	negativer Kapitalwert $C_0 < 0$	Opportunitäts-kosten (externe Verzinsung)
	Opportunitäts-kosten (externe Verzinsung)	interne Verzinsung	

- Der Kapitalwert ist positiv $(C_0 > 0)$, wenn die interne Verzinsung der Investition größer ist als die Opportunitätskosten; somit ist die Investition vorteilhafter als ihre Alternative bzw. der geforderten Mindestverzinsung.

- Der Kapitalwert ist negativ **($C_0 < 0$)**; wenn die interne Verzinsung der Investition geringer ist als die Opportunitätskosten, somit ist die Alternative vorteilhafter als die Investition.

- Der Kapitalwert ist „0" **($C_0 = 0$)**; wenn die interne Verzinsung der Investition den Opportunitätskosten der Investition gleichsteht, somit entspricht der interne Zinsfuß in diesem Fall exakt dem Kapitalisierungszinsfuß.

❑   **Beispiel:**

Abdiskontierungszinssatz (i)				7,8%							
Periode (t)	1	2	3	4	5	6	7	8	9	10	Exit
Restwert (RW)											4.500.000
Überschuss ($\ddot{U}_t$)	512.000	522.000	532.000	542.000	552.000	562.000	572.000	582.000	592.000	602.000	
x **Abzinsungsfaktor (siehe Tabelle der Finanzmathematischen Faktoren)**	0,93	0,86	0,80	0,74	0,69	0,64	0,59	0,55	0,51	0,47	0,47
= **Barwert der Periode**	475.174	449.610	425.265	402.096	380.060	359.114	339.215	320.321	302.389	285.380	2.133.240
=> **Summe der Barwerte**	5.871.865										
./. **Anschaffungsauszahlung (a_0)**	4.500.000										
= **Kapitalwert (C_0)**	1.371.865										

4.2.3.2   Interne Zinsfußmethode

Der interne Zinsfuß (r) entspricht der Effektivverzinsung des für die Investition eingesetzten Kapitals. Bei der internen Zinsfußmethode wird der interne Zinsfuß (r) mit dem Kalkulationszinsfuß (i) verglichen.

Notwendiges Kriterium ist, dass der Kapitalwert gleich null ist.

$$C_0 \overset{!}{=} 0$$

Wie aus der nachfolgenden Grafik zu erkennen ist, schneidet die Kapitalwertfunktion die Abszisse (mathematisch: Nullstelle).

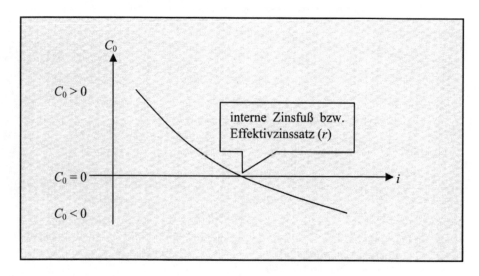

Folglich entspricht die interne Verzinsung der Investition den Opportunitätskosten bzw. der geforderten Mindestverzinsung.

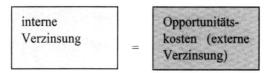

Um den internen Zinsfuß zu bestimmen, muss nun mittels der linearen Interpolation (da es sich um eine Gleichung n-ten Grades handelt) die Gleichung nach i bzw. r aufgelöst werden.

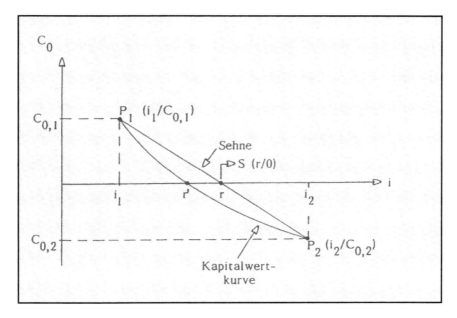

Vgl. Däumler/Grabe (Hrsg.), Betriebliche Finanzwirtschaft, S. 160. Da dieses Verfahren für den weniger mathematisch versierten Anwender schwierig sein könnte, wird in der Praxis ein einfaches Verfahren, das nach Isaac Newton als regula falsi (Falsche Regel) bezeichnet wird, bestimmt. Dieses Verfahren ist eine Annäherung (Interpolation) an den gesuchten Wert mittels des Differenzenquotienten.

$$\frac{y - y_1}{x - x_1} = \frac{y_2 - y_1}{x_2 - x_1}$$

Formel für die Berechnung des internen Zinsfußes:

$$r = i_1 - C_{0,1} \times \frac{i_1 - i_2}{C_{0,1} - C_{0,2}}$$

❑   **Vorgehensweise:**

- Festlegung eines Schätzintervalls, d.h. die geschätzte Zielgröße liegt zwischen zwei Werten (i_1 und i_2)
- Abdiskontierung der Zahlungsreihe mit einem möglichst niedrigem Zinsfuß (i_1), bis der Kapitalwert positiv ist ($C_{0,1} > 0$)
- Abdiskontierung der Zahlungsreihe mit einem möglichst großem Zinsfuß (i_2), bis der Kapitalwert negativ ist ($C_{0,2} < 0$)
- Einsetzen der Werte in die Formel

❑   **Ausgangsbeispiel:**

- Schätzintervall zwischen 9 % (i_1) und 11 % (i_2)
- Abdiskontierung der Zahlungsreihe, bei i_1 ist der Kapitalwert positiv
- ($C_{0,1} = 180.417$)
- Abdiskontierung der Zahlungsreihe, bei i_2 ist der Kapitalwert negativ
- ($C_{0,2} = -434.666$)
- Einsetzen der Werte in die Formel:

$$r = i_1 - C_{0,1} \times \frac{i_1 - i_2}{C_{0,1} - C_{0,2}} = 0,09 - 180.417 \times \frac{0,09 - 0,11}{180.417 - (-434.666)} = 0,096$$

Die Effektivverzinsung entspricht rd. 9,6 %.

4.2.3.3   Annuitätenmethode

Bei der Annuitätenmethode wird der Kapitalwert gleichmäßig auf den gesamten Betrachtungszeitraum verteilt, es erfolgt eine Verrentung der Zahlungen. Die Annuität (*ar*) ist der durchschnittliche, gleich bleibende Betrag des Kapitalwerts über den gesamten Betrachtungszeitraum der Investition, der im Vergleich zur Alternative in jeder Periode mehr zur Verfügung steht.

$$\text{Annuität} = ar = C_0 \times \frac{i(1+i)^n}{(1+i)^n - 1} = C_0 \times KWF$$

Aussagewert:

Die Annuität innerhalb der dynamischen Investitionsrechenverfahren drückt den Kapitalwert als gleich bleibende Verzinsung (als Betrag ausgedrückt), d.h. als Durchschnittsverzinsung, aus.

❏ **Augangsbeispiel:**

Der unter 4.2.3.1. berechnete Kapitalwert (621.865), der Zinssatz i.H.v. 7,8 % und der Betrachtungszeitraum von 10 Jahren sind Grundlage für die Berechnung der Annuität (*ar*).

$$ar = C_0 \times KWF = 621.865 \times 0,147353 = 91.634$$

Die Durchschnittsverzinsung über den Betrachtungszeitraum beträgt rund 91.634 €.

4.2.3.4 Discounted Cashflow

Die Discounted Cashflow (DCF)-Methode gewinnt für die Investitionsentscheidung und Bewertung in der Immobilienwirtschaft immer mehr an Bedeutung. Die DCF-Methode ist ein Ertragswertverfahren, welches der Unternehmensbewertung (zwecks Ableitung der Preisforderung) dient. Die DCF-Methode basiert auf der klassischen dynamischen Investitionsrechnung. Sie entspricht vom Grundsatz her der Auflösung der Kapitalwertmethode nach „a_0" und gibt Aufschluss darüber, welcher Preis nach der Betrachtung der diskontierten Cashflows einer Investition, der maximal zu zahlende Anschaffungswert der Investition (bzw. bei einem Exit der vom Investor mindestens erwartete Preis) darstellt. Somit ist die DCF Methode eine Grenzwertbetrachtung (grenzwertiger Preis).

❏ **Cashflow**

Generell wird in der Betriebswirtschaftslehre der Cashflow als Veränderung des Bestands geldnaher Mittel verstanden. Der Operating Cashflow (OCF) entspricht dem Überschuss zahlungswirksamer Einnahmen und Ausgaben aus der operativen Tätigkeit der realwirtschaftlichen Tätigkeit.

Der Free Cashflow (FCF) ist der zu erwartende frei verfügbare Cashflow und ergibt sich aus dem Operating Cashflow abzüglich der Zahlungen an den Fremdkapitalgeber. Dabei ist zu beachten, dass die Tilgung nur berücksichtigt werden darf, wenn der prognostizierte Verkaufserlös ebenfalls entsprechend berücksichtigt wird, ansonsten wäre ein negativer Free Cashflow die Folge.

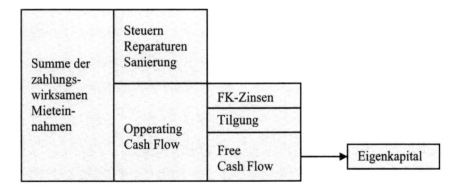

❑   **Diskontierungssatz (i)**

In der Immobilienwirtschaft werden unterschiedliche Zinssätze verwendet, die je nach der Fragestellung der Berechnung (Ergebnisorientierung) ihre Anwendung finden.

- **Zinssätze bei der Bewertung von Immobilien**

Liegenschaftszins

Der Liegenschaftszins wird in der Weise aus dem „Markt" abgeleitet, indem die Gutachterausschüsse diesen aus den ihnen vorliegenden Kaufpreissammlungen ableiten. Da der Bodenwert bei einer sehr langen Restnutzungsdauer der baulichen Anlage vernachlässigt werden kann, ist die Ableitung entsprechender Liegenschaftszinssätze für eine lange und für eine kurze Restnutzungsdauer denkbar. Aus dem Liegenschaftszins ergibt sich der Vervielfältiger (Maklermethode).

$$\text{Vervielfältiger} = \frac{\text{Ertragswert}}{\text{Reinertrag}}$$

Beispiel:

Bei einem Ertragswert von 10 Mio. € und einem Reinertrag von 1 Mio. € ergibt sich ein Vervielfältiger von 10, das entspricht einer Verzinsung von 10 %. Steigt der Reinertrag auf 2 Mio. € sinkt der Vervielfältiger auf 5, was einer Verzinsung von 20 % entspricht. Durch das gestiegene Risikobewusstsein der Investoren in der Immobilienwirtschaft, wird der Liegenschaftszins heute in „grober Weise" risikoadjustiert, indem bestimmte Risikogewichte entsprechend der Risikoart und der Risikoausprägung berücksichtigt werden.

All Risk Yield (ARY) – Rendite unter Berücksichtigung aller Risiken

Durch die Internationalisierung der Märkte finden zunehmend die angelsächsischen Methoden der Immobilienbewertung Anwendung. Vergleichbar dem Liegenschaftszins wird auch er aus aktuellen Markttransaktionen notwendig. Insgesamt wird der ARY nach der Fully Let Method ermittelt ermittelt.

$$\text{ARY} = \frac{\text{Net Rent (Nettomieterträge)}}{\text{Transaction Price (Verkaufs-/Kaufpreis)}}$$

- **Zinssätze bei der Investitionsentscheidung**

Bei einer Investitionsentscheidung steht nicht die Bewertung einer Immobilie im Vordergrund, sondern es stellt sich erstens die Frage nach dem Investitionsrisiko (Kapital- und Ertragsverlustrisiko) und zweitens nach der Einpreisung des Risikos der einzelnen Investition.

Die Einpreisung ergibt sich auch immer aus risikoindividueller Risikoneigung bzw. Risikopräferenz des einzelnen Investors. In der Regel erwartet der Investor heute mindestens eine Kapitalrendite, die meist zwischen 10 und 15 % liegt. Ferner wird der Investor versuchen, den Fremdkapitalanteil an seinem Investment möglichst zu erhöhen, um damit seinen Eigenkapitaleinsatz zu verringern und durch die niedrigeren Fremdkapitalkosten seinen Free Cashflow zu vergrößern (Leverage-Effekt). Dabei werden im Wesentlichen zwei Diskontierungssätze angewendet.

❑ **Weighted Average Cost of Capital (WACC)**

WACC entspricht der Gesamtkapitalrentabilität als gewogener Durchschnitt von Fremdkapitalzinssatz und Eigenkapitalzinssatz. Abdiskontiert wird der um die Tilgung korrigierte Operating Cashflow.

$$WACC = \text{Eigenkapitalkosten} \times \frac{EK}{GK} + \text{Fremdkapitalkosten} \times \frac{FK}{GK}$$

Eigenkapitalrendite (r_{EK})

Die Eigenkapitalrendite dient der Abdiskontierung der Free Cashflows und des Restwertes.

❑ **DCF-Methode als Grenzpreisbetrachtung**

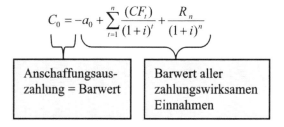

$$C_0 = -a_0 + \underbrace{\sum_{t=1}^{n} \frac{(CF_t)}{(1+i)^t} + \frac{R_n}{(1+i)^n}}$$

| Anschaffungsaus-zahlung = Barwert | Barwert aller zahlungswirksamen Einnahmen |

Der Grenzpreis einer Immobilieninvestition entspricht dem diskontierten Cashflow dem Preis (a_0), den ein Investor maximal für die Immobilieninvestition zahlen kann. Dieser drückt die Rendite der Alternativinvestition bzw. die risikoadjustierte Rendite (Mindestverzinsung) aus. Es gilt das notwendige Kriterium ($C_0 = 0$) um die Formel nach a_0 aufzulösen.

$$C_0 \overset{!}{=} 0$$

Die Formel zur Berechnung des Discounted Cashflows lautet folglich:

$$a_0 = \sum_{t=1}^{n} \frac{(CF_t)}{(1+i)^t} + \frac{RW}{(1+i)^n}$$

Zu beachten bei der Anwendung der Discounted Cashflow-Methode ist, dass aufgrund des begrenzten Planungshorizonts der Cashflow i.d.R. über einen Betrachtungszeitraum von 5 bis 15 Jahren ermittelt wird und für die Folgeperioden als konstant (ewige Rente) unterstellt wird.

Beispiel:

Kaufpreis	5.000.000 €
Grunderwerbssteuer	3,5 %
Notar	1,5 %
Nettomiete	512.000 € p.a.
Staffelmiete	10.000 € p.a.
FK-Zins	3,5 %
EK-Zins	12,0 %
EK-Quote	50,0 %
Testwert	4.500.000 €

Kaufpreis		5.000.000
Grunderwerbssteuer	3,5%	175.000
Notar	1,5%	75.000
Investitionsvolumen		5.250.000
Finanzierung:		
EK		2.625.000
FK		2.625.000
EK-Quote	50,0%	
i^{EK} Eigenkapitalkosten	12,0%	
i^{FK} Fremdkapitalkosten	3,5%	
I Gesamtkapitalkosten	7,8%	

t Periode	0	1	2	3	4	5	6	7	8	9	10
R_t Restwert											
CF Cash Flow (OCF)		512.000	522.000	532.000	542.000	552.000	562.000	572.000	582.000	592.000	602.000
Zinszahlung 3,5%		91.875	90.038	88.237	86.472	84.743	83.048	81.387	79.759	78.164	76.601
Tilgung 2,0%	52.500	51.450	50.421	49.413	48.424	47.456	46.507	45.577	44.665	43.772	42.896
Darlehensstand	2.625.000	2.572.500	2.521.050	2.470.629	2.421.216	2.372.792	2.325.336	2.278.830	2.233.253	2.188.588	2.144.816
CF FCF		368.675	381.542	394.351	407.104	419.802	432.446	445.037	457.576	470.064	482.503
Abzinsungsfaktor*		0,93	0,86	0,80	0,74	0,69	0,64	0,59	0,55	0,51	0,47
Barwert		342.158	328.630	315.232	302.020	289.040	276.330	263.922	251.840	240.105	228.732

a_t Discounted Cash Flow	4.871.249

* siehe Tabelle Finanzmathematische Faktoren

Der DCF (Grenzpreis) liegt unterhalb des gesamten Investitionsvolumens, demnach würde eine DCF-basierte Investitionsentscheidung auf eine Anlagealternative verweisen.

Der Investor benötigt bei einer anderen Bank lediglich 20 % Eigenkapital um zu Fremdkapitalkosten i.H.v. 3,5 % zu finanzieren.

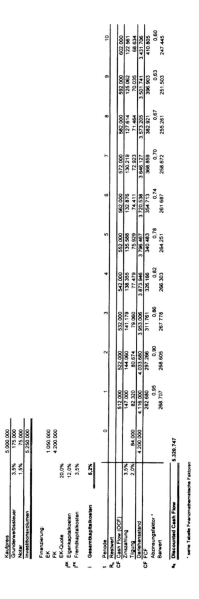

Kaufpreis		5.000.000
Grunderwerbssteuer	3,5%	175.000
Notar	1,5%	75.000
Investitionsvolumen		5.250.000

Finanzierung:		
EK		1.050.000
FK		4.200.000
EK-Quote	20,0%	
i^{EK} Eigenkapitalkosten	12,0%	
i^{FK} Fremdkapitalkosten	3,5%	
i Gesamtkapitalkosten	5,2%	

Periode t	0	1	2	3	4	5	6	7	8	9	10
Restwert R_t											
Cash Flow (OCF) CF_t		512.000	522.000	532.000	542.000	552.000	562.000	572.000	582.000	592.000	602.000
Zinszahlung 3,5%		147.000	144.060	141.179	138.355	135.588	132.876	130.219	127.614	125.062	122.561
Tilgung 2,0%	84.000	82.320	80.674	79.060	77.479	75.929	74.411	72.923	71.464	70.035	68.634
Darlehenstand	4.200.000	4.116.000	4.033.680	3.953.006	3.873.946	3.796.467	3.720.538	3.646.127	3.573.205	3.501.741	3.431.706
CF FCF		282.680	297.266	311.761	326.166	340.483	354.713	368.859	382.921	396.903	410.805
Abzinsungsfaktor *		0,95	0,90	0,86	0,82	0,78	0,74	0,70	0,67	0,63	0,60
Barwert		268.707	268.605	267.778	266.303	264.251	261.687	258.672	255.261	251.503	247.445

Discounted Cash Flow 5.320.747

* siehe Tabelle Finanzmathematische Faktoren

Aufgrund des Leverage-Effektes liegt der DCF oberhalb der zu tätigenden Investition, somit wäre die die vorherige Investitionsentscheidung zu revidieren.

4.2.3.5   Risikogerechte Diskontierungszinsen für die DCF-Bewertung (Risikodeckungsansatz)

In den Bewertungsmodellen der Theorie vollkommener Kapitalmärkte werden die Kapitalkosten (speziell die oft als einzige als risikoabhängig angesehenen Eigenkapitalkosten) meist auf Grundlage des Capital Asset Pricing Modells (CAPM) oder – in deutlich weniger Fällen – auf Grundlage der Arbitrage Pricing Theorie (APT) bestimmt. Beide Ansätze basieren implizit auf verteilungsbasierten Risikomaßen, die auf der Standardabweichung beruhen, in denen sich nur systematische Risikokomponenten widerspiegeln, d.h. diejenigen, die in einem perfekt diversifizierten Portfolio existieren. Auf Grund der Bedeutung für die Bewertungspraxis werden im Folgenden CAPM und APT knapp vorgestellt.

Den restriktiven Annahmen und dem sich daraus ergebenden Kapitalmarktgleichgewicht folgend, realisiert jeder Anleger ein für ihn optimales Portfolio. Der unsystematische Teil des Risikos der Wertpapiere ist durch Diversifikation im Portofolio eliminiert und wird daher vom Kapitalmarkt nicht mehr mit einer Risikoprämie berücksichtigt. Der verbleibende Teil des Risikos ist der Anteil des Risikos des Wertpapiers am Portfolio und wird durch den sog. Beta-Koeffizienten gemessen:

$$\beta_i = \frac{Cov(r_i, r_M)}{\sigma_M^2} = \frac{\rho(r_i, r_M) \cdot \sigma_i}{\sigma_M},$$

wobei $\rho(r_i, r_M)$ die Korrelation zwischen Marktrendite und dem untersuchten Portfolio ist.

Dieses Beta drückt aus, wie sich das betrachtete Wertpapier im Vergleich zum Marktportfolio (mit Risiko σ_M und Rendite r_M) verhält. Die Kapitalmarktlinie beinhaltet alle effizienten Kombinationen des Marktportfolios (d.h. aller risikobehafteten Vermögensgegenstände) und der risikolosen Anlage (näherungsweise z.B. Staatsanleihen) und jeder Investor kann gemäß seiner Risikopräferenz hier eine geeignete Kombination (Portfolio) wählen.

Durch die Wertpapierlinie lässt sich die erwartete Rendite eines Wertpapiers bestimmen. Sie entspricht der risikolosen Rendite zzgl. einer Risikoprämie bestehend aus dem Marktpreis für die Risikoübernahme, also der Differenz der erwarteten Renditen des Markts multipliziert mit der Risikoanlage, gemessen mit dem Beta-Faktor (β):

$$E(r_i) = r^e = r_0 + \beta * (r_M - r_0)$$

Während im CAPM mit dem Beta nur ein Risikofaktor genutzt wird, führt das APT die erwartete Rendite auf den Einfluss mehrerer Risikofaktoren zurück.

Empirische Untersuchungen haben auch Unternehmensgröße (Marktwert) und Bewertungsniveau (Buchwert-Kurs-Verhältnis) als relevante Risikofaktoren identifiziert, die eine wesentlich höhere Bedeutung haben als der Beta-Faktor des CAPM.

In dem dargestellten Modell wurden nur die systematischen Risiken berücksichtigt, da unsystematischen Risiken per Definition wegdiversifiziert sind. Außerdem wurde nur die Standardabweichung als Risikomaß in der Bewertung berücksichtigt. Die im Kapitel 2.3.4 ausführlich vorgestellter Standardabweichung selbst ist jedoch nur ein geeignetes Risikomaß, wenn eine Normalverteilung unterstellt wird. Sie ist insbesondere kein geeignetes Risikomaß, wenn asymmetrische oder stark gewölbte Zahlungsverteilungen vorliegen, da sie dann den Risikoumfang erheblich unterschätzen.

Im Folgenden wird deshalb ein weiterer Bewertungsansatz vorgestellt, der auf dem quantilsbasierten Risikomaß „Eigenkapitalbedarf" (Risikokapital) basiert, das auch asymmetrische Verteilungen adäquat beschreiben kann. Der „Eigenkapital" ist ein Risikomaß aus der LPM-Familie, welche unabhängig von der tatsächlichen Verteilung implizit auch die Schiefe und die Wölbung der Verteilung berücksichtigt. Hierbei wird das Risiko gemessen durch die Menge an Eigenkapital, die erforderlich ist, um den Umfang möglicher Verluste, die mit einer vorgegebenen Wahrscheinlichkeit p nicht überschritten, welche damit intuitiv leicht zugänglich, weil es die Risikomenge misst am Bedarf an Risikotragfähigkeit, die sich durch den Bedarf an Eigenkapital (bzw. Liquiditätsreserve) beschreiben lässt. Als LPM-Maß (Lower Partial Moments Maß) werden Maße bezeichnet, die zuzüglich zu der Standardabweichung (erstes Moment eine Verteilung) auch höhere Momente wie Schiefe (zweites Moment) und Wölbung (drittes Moment) berücksichtigen.

Die Logik der Ableitung von Kapitalkosten auf Grundlage des Eigenkapitalbedarfs als Risikomaß ist leicht verständlich: Eine Zunahme des Risikoumfangs führt zu einer Zunahme der möglichen risikobedingten Verluste und damit einem höheren Bedarf an „teurem" Eigenkapital, was steigende Kapitalkosten (k, WACC) nach sich zieht. Die Zunahme der Kapitalkosten, als Diskontierungszinssatz der erwarteten Zahlungen, führt zu einem sinkenden Unternehmenswert, so dass die Risiken letztlich wiederum auf den Wert als Beurteilungs- und Vergleichsmaßstab von Investitionen oder anderen unsicheren Zahlungen abgebildet werden.

Der „Risikodeckungsansatz" der Bewertung bietet die Möglichkeit die wenig realistischen Restriktionen des vollkommenen Kapitalmarktes zu verlassen und die Kapitalkosten unter Einbeziehung des systematischen und des unsystematischen Risikos zu berechnen. Die Kapitalkostensätze werden in Abhängigkeit des Eigenkapitalbedarfs als Risikomaß bestimmt, der mittels Risikoaggregation (Simulation möglicher Zukunftsvisionen des Unternehmens) auf Basis der Unternehmensplanung ermittelt werden kann. Damit werden die überlegenen unternehmensinternen Informationen zur Berechnung der risikoadäquaten Kapitalkosten herangezogen. Für die Bestimmung der Kapitalkosten wird folgende Berechnung genutzt:

$$WACC = k_{EK} \times \frac{\text{Eigenkapitalbedarf}}{\text{Gesamtkapital}} + k_{FK} \times \frac{\text{Gesamtkapital} - \text{Eigenkapitalbedarf}}{\text{Gesamtkapital}} \times (1-s)$$

$$= \frac{(k_{EK} - k_{FK} \times (1-s)) \times \text{Eigenkapitalbedarf}}{\text{Gesamtkapital}} + k_{FK} \times (1-s)$$

mit:

WACC: gewichtete, durchschnittliche Kapitalkosten (k)
kEK: Eigenkapitalkostensatz (für die akzeptierte Ausfallwahrscheinlichkeit p)
kFK: Fremdkapitalkostensatz (für die akzeptierte Ausfallwahrscheinlichkeit p)
s: Steuervorteil des Fremdkapitals

Der Eigenkapitalbedarf (das Risikokapital) ist dabei abhängig von den erwarteten Einnahmen aus der Immobilie ($E(\tilde{Z})$) und dem Value-at-Risk zum vorgegebenen Konfidenzniveau p. Es ergibt sich in Abhängigkeit einer von den Gläubigern (z.B. vorgegeben durch das Rating) akzeptierten Ausfallwahrscheinlichkeit p der Kostensatz. Der Eigenkapitalbedarf lässt sich für jede Periode einzeln bestimmen. Der einperiodige Eigenkapitalbedarf ist dann relevant, wenn die Kapitalstruktur jährlich geändert werden kann. Ist diese nicht gegeben, muss der mehrperiodige Eigenkapitalbedarf bestimmt werden. Zur Berechnung des mehrperiodigen Eigenkapitalbedarfs für einen Zeitraum von t Jahren kann vereinfachend die Summation zu einer Gesamtperiode verwendet werden. Dies bedeutet implizit, dass von der Berücksichtigung von Ausgleichseffekten innerhalb dieser Periode abgesehen wird.

Der Eigenkapitalkostensatz ist dabei von der Ausfallwahrscheinlichkeit p, die die Fremdkapitalgeber noch akzeptieren, abhängig. Der Teil (1a) des Portfolios wird durch Fremdkapital finanziert, weshalb hier auch ein Leverage Effekt zu berücksichtigen ist, der die erwartete Rendite – und damit die Eigenkapitalkosten – erhöht. Eine einfache Abschätzung der zu erwartenden Eigenkapitalrendite in Abhängigkeit von p erhält man, indem man berechnet, welche Rendite das Investment in ein Aktienportfolio (Marktportfolio) hätte, wenn dieses aufgrund eines Einsatzes von Fremdkapital die gleiche Ausfallwahrscheinlichkeit aufweisen würde.

5 Die Sensitivitätsanalyse

5.1 Definition

Die Sensitivitätsanalyse beruht auf der Annahme, dass die Werte der Inputgrößen um einen, unter der Annahme von Sicherheit geschätzten Wert schwanken können. Von diesem Schätzwert der Inputfaktoren ausgehend, sollen durch systematische Variationen der Werte zwei Fragestellungen beantworten werden:

- Welcher der untersuchten Faktoren beeinflusst das prognostizierte Ergebnis außerordentlich stark?
- Binnen welcher Bandbreite sind Schwankungen der untersuchten Faktoren möglich, ohne dass sich diese zu negativ auf die zuvor getroffene Vorteilhaftigkeitsentscheidung auswirken und diese dadurch neu bewerteten werden muss?

Die Variation der Faktoren erfolgt auf der Ceteris-paribus-Annahme, was übersetzt „unter sonst gleichen Bedingungen" heißt. Diese wissenschaftliche Formulierung beschreibt den Vorgang, dass unter sonst gleichen Bedingungen, eine oder mehrere Variable variiert wird, um so deren Auswirkung besser absehen zu können.

Die Sensitivitätsanalyse findet speziell dann Einsatz, wenn mehrere Faktoren zusammentreffen, deren mögliche Änderung und die daraus resultierende Abweichung des Ergebnisses, ermittelt werden soll. Es wird somit versucht, mögliche Entwicklungen vorauszusehen, um das Risiko einer zu treffenden Entscheidung oder Investition zu reduzieren. Die Sensitivitätsanalyse wird häufig bei der Berechnung von Kapitalwerten, vgl. Abschnitt 3.2.2.1., Internem Zinsfuß, vgl. Abschnitt 3.2.2.2., oder der Amortisationsdauer, vgl. Abschnitt 3.2.1.4., von Investitionen eingesetzt. Die Analyse eignet sich zudem für Analysen im Rahmen des Marketings, beispielsweise im Zuge von Marktstudien.

5.2 Die Verfahren

Der Oberbegriff „Sensibilitätsanalyse" umfasst drei verschiedene Verfahren

Die drei unterschidlichen Verfahren der Sensitivitätsanalyse werden nun folgend, separat aufgeführt.

5.2.1   Die Dreifachrechnung

Die Anwendung der Dreifachrechnung bietet sich unter den folgenden Voraussetzungen an:

*   Risiko und Chance sind ungleich verteilt.
*   Die Entwicklung von mindestens einem Inputfaktor ist nicht vorhersehbar.
*   Die Dimensionen von Chancen und Risiken möchten aufgezeigt werden.

Die Dreifachrechnung stellt drei verschiedene Zukunftsszenarien unter verschiedenen Bedingungen auf. Um deutlich zu machen, wie die Entwicklung unter Extremen ausfallen würde und welche Entwicklung dem derzeitigen Trend entspricht, entstehen drei Rechnungen:

*   „Best Case", eine optimistische Rechnung, bei der von dem günstigsten Verlauf ausgegangen wird,
*   „Base Case", einer sehr wahrscheinlichen Rechnung, die den Trend berücksichtigt und
*   „Worst Case", ein Pessimistische Rechnung, die den ungünstigsten Verlauf aufzeigen soll.

Nachstehende Abbildung soll das Ergebnis der Dreifach Rechnung verdeutlichen.

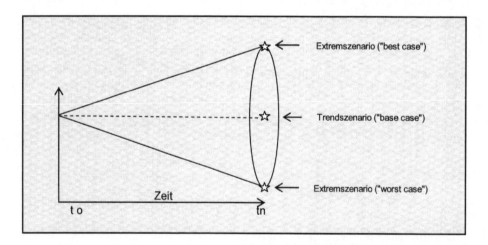

Das Schaubild zeigt die zwei Extremszenarien („Best Case" und „Worst Case") und das Trendszenario („Base Case") auf. Die Öffnung des Trichters resultiert aus der zeitlichen Entwicklung und den einzelnen extremen Unterschieden in den Verläufen. Die Spitze des Trichters verdeutlicht die gegenwärtige Situation, in der alle Faktorenmaße bekannt sind und somit nur eine einzige Konstellation möglich ist.

Die Dreifachrechnung hat folgende Vorteile:

- Risiken und Chancen werden gleichermaßen quantifiziert.
- Es ist möglich verschiedene Datenkonstellationen zu erfassen, nicht nur Änderungen einzelner Inputfaktoren.
- Einfaches Berechnungsverfahren.
- Das Ergebnis des Verfahrens ist leicht zu interpretieren.

5.2.2   Beispiel einer Dreifachrechnung

Darstellung der Dreifachrechnung anhand der Berechnung eines Kapitalwertes. Die Kapital-wertmethode wird in Abschnitt 3.2.2.1 in dem gleichnamigen Kapitel dargestellt.

❏   **Formel zur Berechnung des Kapitalwertes:**

$$C_o = -a_o + \sum_{t=1}^{n} \frac{(Üt)}{(1+i)^t} + \frac{R_n}{(1+i)^n}$$

❏   **Beispiel („Base Case")**

Gegeben:

Betrachtungszeitraum: 5 Perioden

Diskontierungszins: 8 %

Anschaffungskosten: 1 Mio. €

Jährliche Mieteinnahmen: 140.000 €; 140.000 €; 150.000 €; 150.000 €; 160.000 €

Jährliche Betriebskosten: 12.000 €; 12.000 €; 13.000 €; 13.000 €; 13.500 €

Verkaufspreis: 750.000 €

Anhand der oben aufgestellten Ausgangssituation soll nun der Kapitalwert errechnet werden.

❏   **Berechnungsschema:**

	Abdiskontierungszinssatz (i)		8%			
	Periode (t)	1	2	3	4	5
	Mieteinnahmen (e)	140.000 €	140.000 €	150.000 €	150.000 €	160.000 €
./.	Ausgaben (a)	12.000 €	12.000 €	13.000 €	13.000 €	13.500 €
+	Verkaufspreis (R_n)					750.000 €
=	Überschuss ($Ü_t$)	128.000 €	128.000 €	137.000 €	137.000 €	896.500 €
x	Abzinsungsfaktor	0,926	0,857	0,794	0,735	0,681
=	Barwert der Periode	118.519 €	109.739 €	108.755 €	100.699 €	610.143 €
=>	Summe der Barwerte	1.047.855 €				
./.	Anschaffungskosten (a_o)	1.000.000 €				
=	Kapitalwert (C_0)	47.854,83 €				

❏   „Best Case"

In der ersten Abänderung, des oben aufgeführten Ausgangsbeispiels, werden folgende Faktoren so variiert, dass sehr günstige Bedingungen entstehen:

• Die jährlichen Einzahlungen werden um 10 % erhöht.
• Die jährlichen Auszahlungen werden um 15 % reduziert.
• Der Restwert wird um 20 % erhöht.
• Der Zinssatz wird um 20 % gesenkt.

Berechnung der „Best Case"-Betrachtung:

Abdiskontierungszinssatz (i)		6,40%			
Periode (t)	1	2	3	4	5
Mieteinnahmen (e)	154.000 €	154.000 €	165.000 €	165.000 €	176.000 €
./. Ausgaben (a)	10.200 €	10.200 €	11.050 €	11.050 €	11.475 €
+ Verkaufspreis (Rn)					900.000 €
= Überschuss (Üt)	143.800 €	143.800 €	153.950 €	153.950 €	1.064.525 €
x Abzinsungsfaktor	0,940	0,883	0,830	0,780	0,733
= Barwert der Periode	135.150 €	127.021 €	127.807 €	120.119 €	780.634 €
=> Summe der Barwerte	1.290.732 €				
./. Anschaffungskosten (a_o)	1.000.000 €				
= Kapitalwert (C_0)	290.732,34 €				

→ Der Kapitalwert bei dieser Variation der Ausgangsdaten beträgt 290.732,34 €. Da aus dieser Datenkonstellation ein positiver Kapitalwert resultiert, kann die Investition durchgeführt werden.

❏   „Worst Case"

In der zweiten Abwandlung, des Ausgangsbeispiels, werden folgende Faktoren so variiert, dass sehr ungünstige Bedingungen entstehen:

• Die jährlichen Einzahlungen werden um 10 reduziert.
• Die jährlichen Auszahlungen werden um 15 % erhöht.
• Der Restwert wird um 20% gesenkt.
• Der Zinssatz wird um 20 % erhöht.

Berechnung der „Worst Case"-Betrachtung:

Abdiskontierungszinssatz (i)		9,60%			
Periode (t)	1	2	3	4	5
Mieteinnahmen (e)	126.000 €	126.000 €	135.000 €	135.000 €	144.000 €
./. Ausgaben (a)	13.800 €	13.800 €	14.950 €	14.950 €	15.525 €
+ Verkaufspreis (Rn)					600.000 €
= Überschuss (Üt)	112.200 €	112.200 €	120.050 €	120.050 €	728.475 €
x Abzinsungsfaktor	0,912	0,832	0,760	0,693	0,632
= Barwert der Periode	102.372 €	93.405 €	91.186 €	83.199 €	460.640 €
=> Summe der Barwerte	830.804 €				
./. Anschaffungskosten (a_o)	1.000.000 €				
= Kapitalwert (C_0)	-169.196,30 €				

→ Aus dieser Modulation der Ausgangsdaten resultiert ein negativer Kapitalwert in Höhe von 169.196,30 €. Da aus dieser Datenkonstellation ein negativer Kapitalwert resultiert, sollte die Investition unterlassen werden.

Gegenüberstellung der vorangegangenen Dreifachrechnung:

Datenart \ Datenkonstellation	sehr günstig	wahrscheinlich					sehr ungünstig
Anschaffungskosten (a_0)	-	1.000.000€ in t_0					-
		t_1	t_2	t_3	t_4	t_5	
jährliche Einzahlungen (e)	+10%	140.000 €	140.000 €	150.000 €	150.000 €	160.000 €	-10%
jährliche Auszahlungen (a)	-15%	12.000 €	12.000 €	13.000 €	13.000 €	13.500 €	+15%
Zinssatz	-20%	8,00%					+20%
Verkaufspreis (t_5)	+20%	750.000 €					-20%
Kapitalwert (C_0)	290.732,34 €	47.854,83 €					-169.196,30 €

Die tabellarische Gegenüberstellung der 3 Szenarien macht deutlich wie weit auseinander die „Best Case und Worst Case" Betrachtung liegen können.

5.2.3   Die Zielgrößen-Änderungsrechnung

Bei der Zielgrößen-Änderungsrechnung wird untersucht, wie sich das Ergebnis verändert, wenn sich ein einzelner Inputfaktor um den angenommenen Prozentsatz bspw. 10 % erhöht oder verringert.

ieses Verfahren findet häufig bei der Kapitalwert- und Annuitätenmethode Anwendung. Für die Überprüfung einzelner Komponenten bspw. des „internen Zinsfußes", bietet sich das Verfahren nicht an, da es mit einem größeren Rechenaufwand verbunden ist.

❑   **Die Formel für die Zielgrößen-Änderungsrechnung:**

$$\frac{C_0(\text{neu}) - C_0(\text{alt})}{C_0(\text{alt})}$$

5.2.4   Der Ablauf der Zielgrößen-Änderungsrechnung

Das Verfahren kann in drei Bereiche unterteilt werden:

- Erstellung einer Kapitalwertfunktion, welche die Abhängigkeiten zwischen den Eingabevariablen berücksichtigt
- Festlegung der Abweichung vom Ausgangswert des Inputfaktors. (Erhöhung bzw. Verringerung um 10 %, je nachdem ob eine optimistische oder pessimistische Betrachtungsweise angestrebt wird)
- Berechnung der Funktion, siehe vorangegangene Formel.

❑   **Beispiel einer Zielgrößen-Änderungsrechnung anhand eines Kapitalwertes**

Die Berechnung erfolgt anhand des Kapitalwert-Beispiels aus Abschnitt 5.2.2.1., welches auch in dem vorangegangenen Verfahren, der Dreifachrechnung, als Grundlage gedient hat.

❑   **Folgende Daten sind gegeben (vgl. Abschnitt 5.2.2.1. „Dreifach-Rechnung"):**

Betrachtungszeitraum: 5 Perioden

Diskontierungszins: 8 %

Anschaffungskosten: 1.000.000 €

Jährliche Mieteinnahmen: 140.000 €; 140.000 €; 150.000 €; 150.000 €; 160.000 €

Jährliche Betriebskosten: 12.000 €; 12.000 €; 13.000 €; 13.000 €; 13.500 €

Verkaufspreis: 750.000 €

Ausgangsbetrachtung des Kapitalwertes:

	Abdiskontierungszinssatz (i)		8%			
	Periode (t)	1	2	3	4	5
	Mieteinnahmen (e)	140.000 €	140.000 €	150.000 €	150.000 €	160.000 €
./.	Ausgaben (a)	12.000 €	12.000 €	13.000 €	13.000 €	13.500 €
+	Verkaufspreis (R_n)					750.000 €
=	Überschuss ($Ü_t$)	128.000 €	128.000 €	137.000 €	137.000 €	896.500 €
x	Abzinsungsfaktor	0,926	0,857	0,794	0,735	0,681
=	Barwert der Periode	118.519 €	109.739 €	108.755 €	100.699 €	610.143 €
=>	Summe der Barwerte	1.047.855 €				
./.	Anschaffungskosten (a_o)	1.000.000 €				
=	Kapitalwert ($C_{0,original}$)	**47.854,83 €**				

Der daraus resultierende Kapitalwert, $C_{0,original}$, der für dieses Beispiel mit dem Zusatz „original" versehen wurde, um diesen unterscheiden zu können, beträgt 47.854,83 €.

❑   Nun wird jeweils ein einzelner Faktor dieser Kapitalwertberechnung um 10 % erhöht:

•   Mieteinnahmen

	Abdiskontierungszinssatz (i)		8%			
	Periode (t)	1	2	3	4	5
	Mieteinnahmen (e)	*126.000 €*	*126.000 €*	*135.000 €*	*135.000 €*	*144.000 €*
./.	Ausgaben (a)	12.000 €	12.000 €	13.000 €	13.000 €	13.500 €
+	Verkaufspreis (R_n)					750.000 €
=	Überschuss ($Ü_t$)	114.000 €	114.000 €	122.000 €	122.000 €	880.500 €
x	Abzinsungsfaktor	0,926	0,857	0,794	0,735	0,681
=	Barwert der Periode	105.556 €	97.737 €	96.848 €	89.674 €	599.254 €
=>	Summe der Barwerte	989.067 €				
./.	Anschaffungskosten (a_o)	1.000.000 €				
=	Kapitalwert ($C_{0,e}$)	**-10.933,14 €**				

➔ $C_{0,e}$: −10.933,14 €

- Ausgaben

	Abdiskontierungszinssatz (i)	8%				
	Periode (t)	1	2	3	4	5
	Mieteinnahmen (e)	140.000 €	140.000 €	150.000 €	150.000 €	160.000 €
./.	Ausgaben (a)	13.200 €	13.200 €	14.300 €	14.300 €	14.850 €
+	Verkaufspreis (Rₙ)					750.000 €
=	Überschuss (Üₜ)	126.800 €	126.800 €	135.700 €	135.700 €	895.150 €
x	Abzinsungsfaktor	0,926	0,857	0,794	0,735	0,681
=	Barwert der Periode	117.407 €	108.711 €	107.723 €	99.744 €	609.224 €
=>	Summe der Barwerte	1.042.809 €				
./.	Anschaffungskosten (a	1.000.000 €				
=	Kapitalwert (C₀,ₐ)	42.808,60 €				

→ $C_{0,a}$: 42.808,60 €

- Zinsniveau

	Abdiskontierungszinssatz (i)	8,8%				
	Periode (t)	1	2	3	4	5
	Mieteinnahmen (e)	140.000 €	140.000 €	150.000 €	150.000 €	160.000 €
./.	Ausgaben (a)	12.000 €	12.000 €	13.000 €	13.000 €	13.500 €
+	Verkaufspreis (Rₙ)					750.000 €
=	Überschuss (Üₜ)	128.000 €	128.000 €	137.000 €	137.000 €	896.500 €
x	Abzinsungsfaktor	0,919	0,845	0,776	0,714	0,656
=	Barwert der Periode	117.647 €	108.131 €	106.374 €	97.770 €	588.039 €
=>	Summe der Barwerte	1.017.961 €				
./.	Anschaffungskosten (a₀)	1.000.000 €				
=	Kapitalwert (C₀,ᵢ)	17.960,59 €				

→ $C_{0,i}$: 17.960,59 €

- Verkaufspreis

	Abdiskontierungszinssatz (i)	8%				
	Periode (t)	1	2	3	4	5
	Mieteinnahmen (e)	140.000 €	140.000 €	150.000 €	150.000 €	160.000 €
./.	Ausgaben (a)	12.000 €	12.000 €	13.000 €	13.000 €	13.500 €
+	Verkaufspreis (Rₙ)					675.000 €
=	Überschuss (Üₜ)	128.000 €	128.000 €	137.000 €	137.000 €	821.500 €
x	Abzinsungsfaktor	0,926	0,857	0,794	0,735	0,681
=	Barwert der Periode	118.519 €	109.739 €	108.755 €	100.699 €	559.099 €
=>	Summe der Barwerte	996.811 €				
./.	Anschaffungskosten (a	1.000.000 €				
=	Kapitalwert (C₀,ᵣ)	-3.188,91 €				

→ $C_{0,\,R}$: –3.188,91 €

❏   **Prozentuale Veränderungen der Kapitalwerte**

- Berechnung der prozentualen Abweichungen zur ursprünglichen Kapitalwertberechnung ($C_{0,\text{original}}$), am Beispiel der Mieteinnahmen.

$$\frac{C_{0,e} - C_{0,\text{original}}}{C_{0,\text{original}}} = \frac{-10.933,14€ - 47.854,83€}{47.854,83€} = -122,85\,\%$$

Auflistung der einzelnen, prozentualen Abweichungen

Änderung jeweils um 10%	C_0 alt	C_0 neu	Änderung des Kapitalwertes
Mieteinnahmen	47.854,83 €	-10.933,14 €	-122,85%
Ausgaben	47.854,83 €	42.808,60 €	-10,54%
Verkaufspreis	47.854,83 €	-3.188,91 €	-106,66%
Zins	47.854,83 €	17.960,59 €	-166,44%

Wie oben abgebildete Aufstellung zeigt, wirkt sich eine Veränderung um 10 %, eines einzigen Faktors, bei der Kapitalwertberechnung gravierend aus. Aus Sicht des Investors ist es daher ratsam, vor einer Investition in eine Immobilie, eine Zielgrößen-Änderungsrechnung durchzuführen, um die Schwachstellen der Investition aufzuzeigen und die „sensiblen" Faktoren dieser Investition genauer unter die Lupe zu nehmen. Dies kann mit Hilfe einer „Due Diligence" durchgeführt werden (vgl. Abschnitt 7).

5.2.5   Das Tornadodiagramm

Änderung des jeweiligen Inputfaktors	C_0 alt	C_0 bei +10%	Änderung des Kapitalwertes	C_0 bei -10%	Änderung des Kapitalwertes
Mieteinnahmen (4)	47.854,83 €	106.642,80 €	122,85%	-10.933,14 €	-122,85%
Ausgaben (1)	47.854,83 €	42.808,60 €	-10,54%	52.901,06 €	10,54%
Verkaufspreis (3)	47.854,83 €	98.898,57 €	106,66%	-3.188,91 €	-106,66%
Zins (2)	47.854,83 €	17.960,59 €	-62,47%	78.984,97 €	65,05%

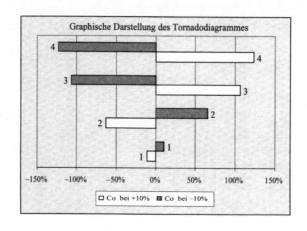

Graphische Darstellung des Tornadodiagrammes

☐ Co bei +10%   ■ Co bei −10%

Die Zielgrößen-Änderungsrechnung kann mit Hilfe des Tornadodiagramms graphisch dargestellt werden. Dabei werden die verschiedenen Abweichungen, die aus den 10 %-tigen Variationen der Inputfaktoren resultieren in Form eines untereinander angeordneten Balkendiagramms dargstellt. Die Anordnung der Balken erfolgt so, dass der Inputfaktor bei dessen Abwandlung die größte Änderung entsteht, zu oberst angeordnet wird, folgend werden die restlichen Inputfaktoren absteigend aufgeführt. Durch diese absteigende Anordnung entsteht automatisch ein nach unten spitz zulaufendes Dreieck, die charakteristische Form eines Tornados.

Das Tornadodiagramm zeigt auf einen Blick, welche Faktoren bei einer Investitionsentscheidung besonders kritisch geprüft werden müssen.

5.2.6   Aussagekraft der Zielgrößen-Änderungsrechnung

Bei der Zielgrößen-Änderungsrechnung sollte darauf hingewiesen werden, dass eine Veränderung eines Inputfaktors stets ihre spezifische Eintrittswahrscheinlichkeit entgegensteht. Bei der Betrachtung einer Veränderung des Inputfaktors um +/–10 % darf daher nicht vernachlässigt werden, wie volatil die einzelnen Faktoren in der Realität sind.

Folglich kann eine Variation um +/–10 % in der Praxis eine enorme Spannbreite darstellen, womit die Aussagekraft dieses Verfahrens stark eingeschränkt ist und die tatsächliche Aussagekraft bei jedem Vorgang kritisch hinterfragt werden muss.

Vgl. Wahrscheinlichkeiten, Abschnitt 2.2.2. „Normalverteilung"

5.3   Verschiedene Kapitalwertänderungen

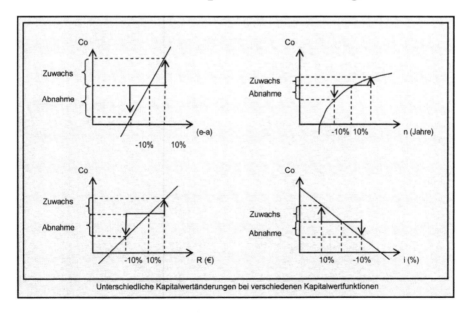

Unterschiedliche Kapitalwertänderungen bei verschiedenen Kapitalwertfunktionen

Verschiedenen Kapitalwertfunktionen und ihr Verlauf, aufgezeigt an folgenden vier, zwei lineare und zwei nicht lineare, Beispielfunktionen:

$C_0 = f(e - a)$; $C_0 = f(R)$; $C_0 = f(n)$ und $C_0 = f(i)$.

Allgemeiner Unterschied zwischen linearen und nicht-linearen Funktionsverläufen:

- Lineare Kapitalwertfunktionen:
- Zuwachs und Abnahme immer das selbe Ausmaß annehmen
  → gleiche, relative Änderung
- Nicht lineare Kapitalwertfunktionen:
- Zuwachs und Abnahme ungleich sind
  → ungleiche Änderung

5.4   Die Kritische-Werterechnung

Die Kritische-Werterechnung versucht den Höchst- oder Mindestwert einer Inputgröße zu ermitteln, bei der die Investition vorteilhaft wird. Der Punkt an dem die Investition vorteilhaft wird, die Verlustzone in die Gewinnzone übergeht, wird als „break-even-point" bezeichnet.

Dieses Verfahren bietet sich speziell für die Kapitalwertberechnung, vgl. Abschnitt 3.2.2.1. „Kapitalwertmethode", an.

Die Kritischen-Werterechnung differenziert zwischen Höchst- und Mindestwerten. Um den betrachteten Faktor als „kritischen Faktor" erkenntlich zu machen, wird an die Abkürzung des einzelnen Faktors ein tief gestelltes „kr" angehängt, bspw. „n_{kr}" für die kritische Nutzungsdauer einer Immobilie.

Höchstwerte	Symbole
kritischer Lohnsatz	l_{kr}
kritische Stückzeit	$v_{1,kr}$
kritischer Rohstoffpreis	q_{kr}
kritischer Rohstoffverbrauch je Stück	$v_{2,kr}$
kritische fixe Auszahlungen	$a_{f,kr}$
kritischer Zinssatz	i_{kr}
kritische Anschaffungsauszahlung	A_{kr}

Mindestwerte	Symbole
kritischer Verkaufspreis	p_{kr}
kritische Absatzmenge	x_{kr}
kritische Nutzungsdauer	n_{kr}
kritischer Restwert	R_{kr}

Die wichtigsten "kritischen Werte" im Überblick

Die oben stehende Abbildung (aus Däumler, K.-D., Anwendungen von Investitionsrechenverfahren in der Praxis, 4. Auflage, S. 195) gibt eine Aufstellung über die wichtigsten Höchst- und Mindestwerte in der Kritischen Werterechnung.

5.4.1 Das Verfahren am Beispiel der Kapitalwertberechnung

Dir Kritische-Werterechnung erfolgt nach einem simplen, dreistufigen Verfahren:

1. Aufstellung der zu betrachtenden Funktion, bspw. Kapitalwertfunktion

$$C_0 = -a_0 + \sum_{t=1}^{n} \frac{(\ddot{U}t)}{(1+i)^t} + \frac{R_n}{(1+i)^n}$$

2. Die Funktion wird gleich Null gestellt

$$-a_0 + \sum_{t=1}^{n} \frac{(\ddot{U}t)}{(1+i)^t} + \frac{R_n}{(1+i)^n} = 0$$

3. Auflösung der Funktion nach der gesuchten Größe, bspw. kritischer Kaufpreis einer Immobilie

$$\text{Bspw.:} \quad a_{0,\text{kr}} = -\left(\sum_{t=1}^{n} \frac{(\ddot{U}t)}{(1+i)^t} + \frac{R_n}{(1+i)^n} \right)$$

5.4.2 Beispiel einer Kritischen-Werterechnung

❑   Frage: Wie hoch ist die maximale Investitionssumme, bis zu der eine Immobilie angekauft werden kann, bevor die Investition unvorteilhaft wird?

❑   Der Barwert aller Nettoeinzahlungen, welche das Gebäude erwirtschaftet, im Falle einer Immobilieninvestition sind dies die erwirtschafteten Mieteinnahmen, wird mit E_0 bezeichnet.

❑   Ermittelt werden soll, der kritische Anschaffungspreis.

Ermittlung des kritischen Anschaffungspreises (vereinfachtes Verfahren):

- Aufstellung der Kapitalwertfunktion: $C_0 = -A_{\text{kr}} + E_0$

- Die Kapitalwertfunktion wird gleich Null gestellt: $0 = -A_{\text{kr}} + E_0$

- Auflösung der Gleichung nach $A_{\text{kr}}: A_{\text{kr}} = E_0$

Folglich darf für diese Immobilie nur der Barwert, vgl. Abschnitt 4.1. Exkurs, Zinseszins- und Rentenrechnung, aller Nettoeinzahlungen investiert werden, da dies der „break-even-point" dieser Investition darstellt.

Im Abschnitt „Discounted-Cashflow", wird auf die Grenzpreisbetrachtung und auf die „break-even-point" Berechnung tiefer eingegangen.

6 Die Szenariotechnik

6.1 Definition

Die Szenariotechnik dient dazu mögliche bzw. denkbare Entwicklungen in der Zukunft, aus der Gegenwart abzuleiten. Anders als bei einer Prognose wird nicht versucht, einen möglichst objektiven Trend vorherzusagen. Vielmehr erfolgt eine Projektion von Prämissen in die Zukunft, wodurch auch Extremszenarien betrachtet werden können. Innerhalb der Szenarien finden ebenfalls Trends Platz. Es wird somit versucht alle möglichen eintretenden Zustände der Zukunft zum heutigen Zeitpunkt darzustellen.

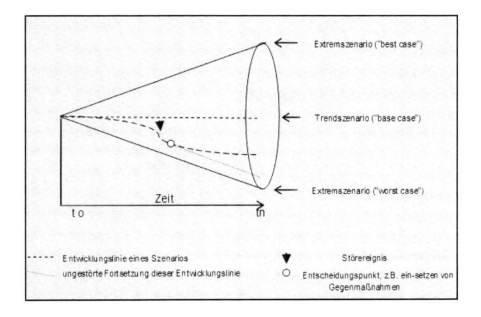

Die Trichterförmige Darstellung der Szenariotechnik resultiert aus der Dichtefunktion, vgl. Abschnitt 2.2.2.1. „Allgemeine Normalverteilung". In der Gegenwart, t_0, sind alle Größen bekannt. Je weiter in die Zukunft geblickt wird, bspw. die mögliche Entwicklung einer Büroimmobilie über ihre gesamt Nutzungsdauer, desto weniger kann das Ergebnis oder bspw. der Restwert der Büroimmobilie, vorhergesehen werden.

Folglich ist in der Gegenwart nur eine einzige Konstellation, die Trichterspitze, möglich. Je weiter der Betrachtungszeitpunkt von to entfernt liegt, desto weiter ist die Öffnung des

Trichters, da sich über diesen Zeitraum einige oder sogar alle Faktoren leicht oder extrem positiv oder auch extrem negativ verändern können.

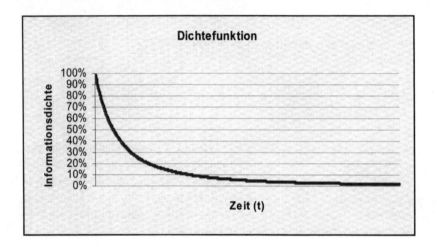

Die oben dargestellte Dichtefunktion wird im Abschnitt 2.1. „Der Begriff Risiko", näher erläutert.

6.2   Anwendungsbereiche

Szenariotechniken finden in den unterschiedlichsten Bereichen Anwendung. Sie dienen als Basis bei geschäftspolitischen Entscheidungen, d.h. für die strategische Ausrichtung einer Unternehmung und als Trend qualitativer Entscheidungsparameter, wie z.B. dem kulturellen Wandel, dem Wohnverhalten usw. Zudem behilft man sich ihrer bei der Aufstellung von Bevölkerungsszenarien.

Die Anwendung von Szenarien bietet sich immer dann an, wenn eine Entscheidung gefällt werden muss, welche über einen längeren Zeitraum läuft und die von vielen verschiedenen Faktoren beeinflusst wird, bspw. ob und wie viele Wohneinheiten in den kommenden Jahren gebaut werden sollen.

Die beeinflussenden Parameter werden mit Hilfe verschiedener Szenarien so variiert, dass möglichst alle eventuell eintretenden Szenarien, vom besten, „best case", bis schlechtesten Fall, „worst case", aufgezeigt werden. Diese Vorgehensweise soll mögliche „böse Überraschungen" der Entscheidung bereits vorab aufzeigen.

6.3   Vorgehensweise

❑   **Strukturierte Vorgehensweise:**

Strukturierte Vorgehensweise	Inhalt
1. Festlegung der Aufgabenstellung	Strategische Frage
2. Bestimmung der Aufgabenstellung	Welche Parameter, Interpendenzen und kausale Zusammen-hänge sind für die Lösung der Aufgabe entscheidend?
3. Ermittlung der Deskriptoren	Beschreibung der einzelnen Deskriptoren
4. Aufstellung von Annahmen, Projektionen und Alternativ-Annahmen	Welche Annahmen, Projektionen, Alternativ-Annahmen müssen aufgestellt werden und welche sind überflüssig?
5. Mögliche Störvariablen	Plötzlich auftretende, tief greifende Veränderung z.B. recht-licher oder wirtschaftlicher Rahmenbedingungen
6. Auswirkungsanalyse	Veränderung der Stossrichtung des bisherigen Trends
7. Zuordnung der Eintrittswahrscheinlichkeite	Den einzelnen Zukunftsbildern werden Eintrittswahrschein-lichkeiten zugeordnet
8. Lösungsalternativen	Aufgrund der Trendrichtung werden Strategien gewählt und jene mit der höchsten Wahrscheinlichkeit realisiert

Das oben dargestellte Schema der Szenariotechnik dient als Hilfestellung in der Praxis um das Erstellen eines Szenarios zu erleichtern, aber auch ein in Auftrag gegebenes Szenario einfacher überprüfen zu können.

❑   **Beispielhafte Vorgehensweise anhand des Bevölkerungswachstums in der Bundesrepublik Deutschland:**

Gliederungspunkt	Fragestellung	Untersuchung
1. Beschreibung der Aufgabenstellung	Wie wird sich die Bevölkerungsanzahl in den nächsten 40 Jahren in der BRD entwickeln?	
2. Bestimmung der Einflussfaktoren	Welche Parameter, Interdependenzen und kausale Zusammenhänge sind für die Lösung entscheidend?	Bevölkerungsentwicklung (Demographie), gesellschaftlicher und kultureller Wandel, Wettbewerber etc.
3. Ermittlung der Deskriptoren	Welches sind die wichtigsten Deskriptoren?	Demographische Entwicklung im 40 Jahreszeitraum (Sterberate, Geburtenrate, Zuwanderungsrate, Abwanderungsrate); sozialer Wandel (Singelisierung)
4. Annahme, Projektionen, Alternativ-Annahmen	Wie könnten sich die einzelnen Deskriptoren in den kommenden Jahren verändern?	Mögliche Veränderungsraten der o.g. Deskriptoren
5. Störvariablen	Welche Rahmenbedingungen könnten sich ändern?	Auswirkungen einer unvorhersehbaren tiefgreifenden Änderung der rechtlichen oder wirtschaftlichen Bedingungen
6. Auswirkungsanalyse	Welche Auswirkung auf den Trend hätte eine Veränderung der Stossrichtung?	Stärke der Auswirkung, einer Veränderung der Deskriptoren, auf den Trend
7. Zuordnen der Eintrittswahrscheinlichkeiten	Wie wahrscheinlich sind die einzelnen Änderungen der Deskriptoren?	Wahrscheinlichkeiten der einzelnen Zukunftsbilder (Wie wahrscheinlich sind die einzelnen Auswirkungen der Änderung)
8. Lösungsalternativen	Welche Strategie soll gewählt werden?	Auswahl einer Strategie

❏   **Zu Gliederungspunkt Nr. 4: Annahmen – Projektionen – Alternativ-Annahmen**

Für dieses Beispiel wird unterstellt, dass die Lebenserwartung um acht Jahre steigt, die Geburtenrate um 0,002 % fällt und der Wanderungssaldo um 0,3 Prozentpunkte ansteigt. Als Projektion werden 69,8 Mio. Einwanderer festgelegt. Die Alternativ-Annahme ist für die Lebenserwartung ein Zuwachs von nur drei Jahren, für die Geburtenrate ein Rückgang um 0,003 Prozentpunkte und für den Wanderungssaldo eine Steigerung um 0,5 Prozentpunkte. Die Projektion der Alternativ-Annahme ist mit 64,3 Mio. Einwohnern angesetzt.

❏   **Zu Gliederungspunkt Nr. 5: Störvariablen**

Ein Beispiel für eine plötzlich auftretende Veränderung der Faktoren kann eine Änderung in der Einwanderungspolitik sein. Zurückzuführen ist dies oftmals auf einen Wandel in den rechtlichen oder wirtschaftlichen Rahmenbedingungen, welche nicht vorauszusehen war und einen tief greifenden Wandel mit sich bringt.

❏   **Zu Gliederungspunkt Nr. 6: Auswirkungsanalyse**

Unterschiedliche Zuwanderungsraten können extremen Einfluss auf die Projektionen haben. Bei einer jährlichen Zuwanderung von 500.000 Menschen und nicht von lediglich 100.000 Menschen, ergibt sich eine Gesamteinwohnerzahl von 78,9 Mio. Einwohnern und nicht von 73,8 Mio. Einwohnern in 2045. Diese mögliche Veränderung der Stossrichtung des bisherigen Trends kann durch die Szenario-Analyse berücksichtigt werden.

❏   **Zu Gliederungspunkt Nr. 7: Zuordnung der Eintrittswahrscheinlichkeiten**

Die Wahrscheinlichkeit, dass durch die demographische Entwicklung eine Bevölkerungszahl über 81 Mio. Einwohner im Jahr 2045 erreicht wird, wird mit 5 % angegeben. Eine Bevölkerungszahl zwischen 75 Mio. Einwohner und 80,9 Mio. Einwohner ist zu 35 % wahrscheinlich. Mit einer Wahrscheinlichkeit von 50 % wird sich die Bevölkerungszahl auf 70 Mio. Einwohner bis 74,9 Mio. Einwohner belaufen. Eine Gesellschaft mit 65 Mio. Einwohner bis 69,9 Mio. Einwohner ist zu 10 % wahrscheinlich.

❏   **Graphische Darstellung der prognostizierten Bevölkerungsentwicklung in der BRD**

Die unter Punkt 7 aufgeführten, möglichen Bevölkerungsentwicklungen werden in der oben dargestellten Graphik veranschaulicht. Dabei bildet die oberste Entwicklungslinie die „Best Case"-Betrachtung ab, die mittlere Verlaufslinie spiegelt die „Base Case"-Betrachtung wieder und die unterste Linie macht die schlechteste Entwicklung, „Worst Case", sichtbar.

6.4 Szenarioanalyse in der Praxis

Szenarioanalysen werden meist in Auftrag gegeben und nicht selbst erstellt, da dies ein sehr zeitaufwändiger und komplexer Prozess ist, denn es müssen umfassende Recherchearbeiten geleistet und empirische Erhebungen durchgeführt werden. Aufgrund des erheblichen Umfangs der zu erbringenden Leistung sind Szenarioanalysen extrem teuer und es erscheint daher sehr sinnvoll, dass das Ergebnis der Szenarioanalyse vom Auftraggeber auf Plausibilität und Richtigkeit überprüft werden kann. Dies setzt allerdings voraus, dass dieser das Verfahren der Szenarioanalyse beherrscht und dieses auch objektiv durchführt.

Die Überprüfung kann hierbei anhand der schematischen Vorgehensweise, vgl. Abschnitt 4.3. „Vorgehensweise", abgefragt werden. Wichtig ist es dabei die getroffenen Annahmen stets kritisch zu hinterfragen. Speziell die Geburtenraten, natürliche Sättigungsgrenzen, zwischenzeitlich diskutierte Rechtssprechungen etc. sollte man bei einer Überprüfung nie vernachlässigen.

Für die Immobilienwirtschaft, insbesondere für den Bereich der Wohnimmobilien, muss die Bundesrepublik nach einzelnen Regionen betrachtet werden, da die Entwicklung der Bevölkerung und der Beschäftigung, der einzelnen Länder, in hohem Maße variiert, siehe nachstehende Abbildung. Diese Entwicklungen sind ausschlaggebend für die zukünftige Nachfrage nach Wohn- und Büroimmobilien.

❏ **Räumlich differenzierte Entwicklung**

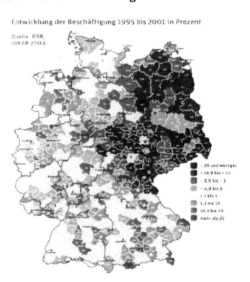

In der oben dargestellten Graphik wird ersichtlich, dass große regionale Unterschiede in der BRD vorherrschen.

7 Due Diligence

7.1 Allgemeines

Immobilieninvestitionen erfordern einen hohen Kapitaleinsatz mit einer langen Bindungsdauer. Der Investor setzt sich damit dem Risiko aus, dass er mit dem Kauf der Immobilie
gleichzeitig auch alle zukünftigen Unwägbarkeiten mit übernimmt. So unterliegt z.B. jede
Bestandsimmobilie einem bestimmten physischen Abnutzungsverlauf, der bestimmte Ersatz-
investitionen (Gebäudetechnik), Modernisierungsinvestitionen (wie Ausstattungsanpassun-
gen usw.), Sanierungsinvestitionen, aber auch laufenden Reparatur- und Wartungsaufwand
erfordert. Diese Unwägbarkeiten nehmen logischerweise mit der Zeitdauer zu. Aber auch
Vertragslaufzeiten von Mietverträgen und Bonitäten von Mietern sowie baurechtliche Gege-
benheiten, die z.B. einer Umnutzung oder Nutzungserweiterung in der Zukunft entgegenste-
hen, wirken sich auf den Investitionserfolg aus. Vor diesem Hintergrund ist es notwendig,
Transparenz zu schaffen und sämtlichen Risiken der Immobilieninvestition, hinsichtlich der
Erwartungen in die Rendite bringende Entwicklung der Immobilie zu analysieren und abzuwägen. Die in der Gegenwart erkennbaren rechtlichen, wirtschaftlichen, steuerlichen und
technischen Risiken sind zu ermitteln, zu bewerten und einzupreisen. So hat auch z.B. der
Auto-TÜV die Funktion, die heute schon erkennbaren Mängel, welche sich in Zukunft negativ auf die Sicherheit des Fahrbetriebs auswirken, auf der Basis einer standardisierten Unter-
suchungsmethode bzw. Checkliste aufzudecken. Die Due Diligence ist heute gängige Praxis
in der Immobilienwirtschaft und ohne sie werden Kapitalgeber kaum noch bereit sein zu
finanzieren.

7.1.1 Begriff

Der Begriff Due Diligence stammt aus dem angloamerikanischen Raum (wörtlich übersetzt
„erforderliche Sorgfalt"); dort hat sie sich bei der Akquisition von Unternehmen und Unter-
nehmensanteilen bewährt. In den 1990er Jahren wurde der Begriff Due Diligence zunehmend auf die Immobilienbranche übertragen. Es handelt sich dabei und die Prüfung und
Analyse der Objekt- und Standorteigenschaften auf den Teilfeldern der

- Markt-,
- Standort-,
- rechtlichen,
- wirtschaftlichen,
- steuerlichen und
- technischen Analyse.

Die Due Diligence dient der Erfassung von Risikopotentialen, die sich in der Halteperiode negativ auf die Ziel-Rendite auswirken können. Diese Risiken gilt es zu quantifizieren und durch eine entsprechende Kaufpreisminderung „einzupreisen". Renditen mit eingepreisten Risiken werden als risikoadjustierte Rendite (riskadjusted yields) bezeichnet.

7.1.2   Zielsetzung

7.1.2.1   Allgemeine Zielsetzungen

Die Zielsetzung einer jeden Due Diligence ist eine möglichst umfassende Analyse und marktgerechte Bewertung der Immobilie zu gewährleisten. Dazu werden sämtliche Risiken, die sowohl in der Immobilie selbst, als auch in dem geografischen und wirtschaftlichen Umfeld zu finden sind, untersucht und bewertet. Immobilieninvestitionen sind aufgrund der folgenden außergewöhnlichen Eigenschaften von Immobilien besonders risikobehaftet:

- Mangelnde Markttransparenz und Vergleichbarkeit
- Lange Lebensdauer
- Hohe Transaktionskosten
- Lange Veräußerungszeiten
- Große Investitionsvolumen
- In der Regel eingeschränkte Fungibilität

❑   **Folgende Risiken können unter anderem durch eine Due Diligence erkannt werden:**

- Bausubstanzrisiko (bedingt bspw. durch Planungs- und Ausführungsfehler, unzeitgemäße Bauteile)

- Kaufpreisrisiko (Zahlung eines unangemessenen Kaufpreises durch unzureichende oder überschätzte Wertermittlung)

- Ertragsausfallrisiko (bspw. bedingt durch ungenaue bzw. fehlende Analyse der Mieterstruktur und -bonität oder des Umsatzpotentials am Standort)

- Wertänderungsrisiko (durch Standortveränderungen oder Veränderung der Mieteranforderungen)

- Standortrisiko (bedingt durch Fehleinschätzung bzw. fehlende Analyse von Standortfaktoren auf Mikro-, Makroebene)

- Grundstücksrisiko (Nichtbeachtung von Altlasten, Denkmalschutzproblematik, Baulasten und baurechtliche Vorgaben)

- Haftungsrisiko (durch unterlassende Informationspflicht des Verkäufers über Mängel)

Neben der Identifizierung der wesentlichen Risiken kann eine Due Diligence dazu beitragen, Chancen und Potentiale der Immobilieninvestition aufzudecken. Ausgewählte Potentiale sind:

- Mietsteigerungspotential (bedingt durch Modernisierung, Vertragsvereinbarungen, Ausschöpfen von Flächenpotentialen)
- Kostenreduktionspotential (Senkung der Bewirtschaftungskosten, Größeneffekte, Outsourcing)
- Wertsteigerungspotential (positive Entwicklung des Standortes in der Zukunft)
- Entwicklungspotentiale (Ausschöpfung Baurecht, Flächenausweitung)
- Verkaufserlösoptimierungspotential (rechtzeitige Erkenntnis und Beseitigung von Deal Breakern)

7.1.2.2 Spezielle Zielsetzungen

Neben der allgemeinen Zielsetzung einer Due Diligence gibt es noch eine Reihe weiterer Gründe, eine Due Diligence durchzuführen. Im Folgenden werden einige spezielle Zielsetzungen vorgestellt:

❑ **Käufer-Due Diligence**

Ziel einer Käufer-Due Diligence ist die Ermittlung aller Chancen und Risiken des Objektes, die Objektbewertung und davon ausgehend die Ableitung eines angemessenen Kaufpreises. In diesem Zusammenhang ist der Due Diligence Bericht meist die Grundlage für die folgenden Kaufvertragsverhandlungen, insbesondere bezüglich des Kaufpreises.

❑ **Verkäufer-Due Diligence**

Eine Verkäufer-Due Diligence hat eine abweichende Zielsetzung. Den meisten Immobilieneigentümern liegt häufig nur der Buchwert vor; ihnen dient die Verkäufer- Due Diligence häufig der Ermittlung eines marktgerechten Verkaufspreises. Die Verkäufer Due Diligence umfasst aber auch eine objektive Analyse der Stärken und Schwächen des zu verkaufenden Objektes sowie die Identifikation der wertbeeinflussenden Faktoren.

Häufig ergeben sich bereits aus der Verkäufer-Due Diligence auch Ansätze für Vermarktungsstrategien und Verkaufsargumente; denn genau wie die Käufer-Due Diligence stellt sie eine wichtige Argumentationsgrundlage für die Kaufpreisverhandlungen dar.

Positiv hervor zu heben sind die:

- Optimierung des Veräußerungserlöses
- Planung des Zeitablaufes
- Effiziente Nutzung der Ressourcen des Verkäufers
- Verkaufsfördernde Präsentation
- Abschätzbare Risiken im Bereich von Gewährleistungen

❑   **Due Diligence als Instrument des Portfoliomanagements**

Jedoch auch unabhängig von einer konkreten Transaktion kann eine Due Diligence wertvolle Erkenntnisse für den Eigentümer bringen. Gerade Objekt- und Betreibergesellschaften sowie Fondgesellschaften nutzen Due Diligences zur Berichterstattung und für strategische Analysen.

Veränderungen im Steuerrecht, in den Standorteigenschaften, der Marktsituation oder eine Neuausrichtung der Portfolioziele bieten weitere Motivationsaspekte für eine Due Diligence im Bestand.

❑   **Due Diligence beim Verkauf von Immobilienportfolios**

In den letzten Jahren kam es zu einem auffälligen Anstieg von Käufen großer Immobilienportfolios durch überwiegende ausländische Fonds-Gesellschaften, die die niedrigen Preise und das niedrige Zinsniveau zu einem Einstieg in den deutschen Wohnungsmarkt nutzten.

Die angestrebten Gewinnchancen liegen hier in der Differenz zwischen Ankaufpreis und Verkaufspreis. Dementsprechend gilt es bei einer solchen Due Diligence besonders die Chancen und Risiken einer späteren Wohnungsprivatisierung bzw. eines Paketverkaufs zu prüfen.

7.1.3   Rechtliche Aspekte

Im Gegensatz zum Ursprungsland der Due Diligence, den USA, kennt das Deutsche Recht keine Pflicht zur Prüfung eines Kaufgegenstandes vor Abschluss eines Kaufvertrages. Nach dem Grundsatz *„caveat emptor, Käufer sei auf der Hut"* hat der Käufer den Kaufgegenstand vor Abschluss des Kaufvertrages hinsichtlich etwaiger Mängel zu untersuchen. Tut er das nicht, haftet er alleine, sofern der Verkäufer nicht ausdrücklich die Mängelfreiheit garantiert hat.

> Das deutsche Gewährleistungsrecht sieht eine Untersuchungs- und Rügepflicht nur bei einem beiderseitigen Handelsgeschäft und erst nach der Ablieferung der Kaufsache vor. Weiterhin schadet positive Kenntnis oder grob fahrlässige Unkenntnis eines Mangels vor Vertragsabschluss sogar dem Käufer im Hinblick auf seine Mängelrechte (vgl. § 442 Abs. 1 BGB).

Es ist daher fraglich, welche Auswirkungen die Durchführung bzw. die Unterlassung einer Due Diligence auf die Wahrung von Gewährleistungsansprüche hat, insbesondere dann, wenn Mängel trotz einer Due Due Diligence nicht aufgedeckt wurden.

Nach Meinung der einschlägigen Fachliteratur stellt die Unterlassung einer Due Diligence keine grobe Fahrlässigkeit dar, die nach § 442 Abs. I BGB zu einer Haftungsbeschränkung für den Verkäufer führen würde. Ebenso wenig kommt es zu einer Einschränkung der Gewährleistungsrechte des Käufers, wenn er zwar eine Due Diligence durchführt, diese aber unvollständig oder unsorgfältig betreibt und ihm deshalb Mängel verborgen bleiben. Geht der Käufer dagegen augenfälligen Mängeln oder Verdachtsmomenten nicht nach, kann dies in Ausnahmefällen als grobe Fahrlässigkeit gewertet werden. Der Verkäufer haftet dann nur bei Arglist oder einer ausdrücklich abgegebenen Garantie. Die Frage, ob sich die Due Diligence zur Verkehrssitte entwickelt, was die Voraussetzung für eine Auswirkung auf Gewährleistungsrechte wäre, wird in juristischen Fachkreisen weiterhin kontrovers diskutiert.

7.1.4   Asset oder Share Deal

Eine wesentliche Frage bei Immobilientransaktion ist häufig, ob die Transaktion als Share Deal (Verkauf/Kauf einer Objektgesellschaft) oder als Asset Deal (Verkauf/Kauf einer Immobilie) gestaltet werden soll.

❏   **Asset Deal**

Der Asset Deal, also die Übertragung eines Grundstücks (nebst aufstehenden Gebäuden) vom Verkäufer auf den Käufer, stellt, wie der Name schon sagt, einen Sachkauf im Sinne des § 433 Abs. 1 BGB dar. Folge ist die gesetzliche Gewährleistung gem. § 459 ff BGB – es greift grundsätzlich die Sachmängelhaftung des § 459 BGB, d.h. der Verkäufer hat für Fehler der Immobilie verschuldensunabhängig einzustehen. Ein Fehler der Immobilie ist für den Käufer eine nachteilige Abweichung der tatsächlichen von der vertraglich vereinbarten Beschaffenheit.

❏   **Share Deal**

Streben Käufer und Verkäufer einen Share Deal an, dann muss der Käufer neben der zu veräußernden Immobilie auch die Verhältnisse der Gesellschaft untersuchen, die als Rechtsträger der Immobilie eingesetzt ist. Dies gilt im besonderen im Hinblick auf gesellschaftsrechtliche und steuerrechtliche Verhältnisse. Der Hauptvorteil eines Share Deals kann für den Käufer, bei entsprechender Vertragsgestaltung, darin liegen, dass sich die anfallende Grunderwerbssteuer vermindern lässt.

Bei einer komplexeren Immobilientransaktion gilt es für den potenziellen Käufer zudem auch, Risiken eines Betriebsüberganges zu ermitteln. Bildet die Immobilie selbst einen Betriebsteil des Veräußerers, muss die Due Diligence des Käufers – auch bei einem Asset Deal – die Risiken des drohenden gesetzlichen Überganges der Arbeitsverhältnisse ermitteln!

Die Nachteile eines Share Deals liegen für den Erwerber in einem größeren Prüfungsaufwand sowie in der möglichen Haftung für Verbindlichkeiten der Objektgesellschaft.

7.1.5   Der Due Diligence-Vertrag

Da in der Praxis häufig ein externes Unternehmen mit der Due Diligence- Analyse beauftragt wird, müssen die wichtigsten Inhalte der Prüfung vertraglich fixiert werden.

❑   **Elementare Bestandteile des Vertrages sollten, in jedem Fall, sein:**

- die Zielsetzung,
- der exakte Umfang,
- die Vergütung,
- und die Haftungsbedingungen.

> In diesem Zusammenhang hat es sich bewährt, einen zeitlichen Rahmen mit Hilfe so genannter „Milestones" (Zwischenziele) festzulegen.
>
> Sehr wichtig für den Auftragnehmer ist auch die Eingrenzung des Haftungsrisikos, da sich bei eventuellen Regressforderungen schnell enorme Schadenersatzansprüche ergeben können.

7.1.6   Vertraulichkeitserklärung

Aufgrund der Sensibilität heutiger Unternehmensdaten werden Daten zur eigenen Immobilie, zum Portfolio, zum Mietvertrag und ähnlich vertrauliche Daten heutzutage nur gegen die Unterzeichnung einer Vertraulichkeitserklärung heraus gegeben; sie stellt die Grundlage für den Umgang und Prüfung von internen Datenmaterial dar. Im Rahmen dieser Erklärung verpflichtet sich der Unterzeichnende die ihm überlassenen Daten vertraulich zu behandeln und nur im Rahmen der zugedachten Nutzung zu verwenden sowie nicht an Dritte weiter zu geben.

7.1.7   Letter of Intent

Grundlage für die Durchführung einer Due Diligence im Zuge einer Transaktion ist der Abschluss eines Letter of Intent. Dieser bindet die Vertragsparteien nicht an einen späteren Kauf, bildet aber eine Kaufabsichtserklärung. Er beinhaltet daher in der Regel neben einer Verpflichtung zur Geheimhaltung und Nichtverwendung von Unternehmensgeheimnissen auch Angaben zu den Vertragsparteien, dem Vertragsobjekt, den Kaufpreisvorstellungen sowie zu Umfang, Gestaltung, Inhalt und zeitlichem Ablauf der Due Diligence. Auch Vereinbarungen über die Zahlungsmodalitäten und Vertragsstrafen bei einem Verstoß gegen den Vertrag können enthalten sein.

7.1.8 Das Due Diligence-Team

Die Qualität einer Due Diligence hängt maßgeblich von der Zusammensetzung eines geeigneten und erfahrenen Teams ab. Die Teammitglieder müssen über ein fundiertes Expertenwissen verfügen, um die Daten in kurzer Zeit analysieren und bewerten zu können.

❑ **Die abzudeckenden Wissensgebiete sind dabei sehr vielschichtig und umfangreich:**

- Bau-, Grundstücks-, Miet- Steuer-, und ggf. Gesellschaftsrecht
- Kaufmännische Immobilienverwaltung
- Markt- und Bewertungskenntnisse
- Altlastensanierung
- Baustatik und Bautechnik

Bei der Untersuchung von Spezialimmobilien wie Hotels, Kliniken oder großen Einzelhandelsobjekten ist es empfehlenswert, zusätzlich Branchenspezialisten hinzu zu ziehen.

Je nach Komplexität der Immobilie und Umfang der Due Diligence- Analyse kann die Anzahl der daran beteiligten Personen schwanken. Auf Grund der Vertraulichkeit vieler Daten sowie dem Koordinationsaufwand und den damit einhergehenden Zeitverlusten, ist das Due Diligence- Team möglichst klein zu halten.

> Im Idealfall sollte die Prüfung durch interne und externe Spezialisten erfolgen. Unternehmensinterne Spezialisten sind zwar mit dem laufenden Betrieb der Immobilie vertraut, mögen jedoch stellenweise nicht das komplette Potential einer Immobilie erkennen können. Auch spezialisierte Immobilienunternehmen beauftragen daher regelmäßig externe Berater mit einer Due Diligence- Analyse.

Weiterhin ist Vertraulichkeit ein wichtiges Thema. Beispielsweise ist bei börsennotierten Unternehmen die Wahrung der Vertraulichkeit (auf Verkäuferseite) geboten, um den Erfordernissen des Umgangs mit Insiderinformationen Rechnung zu tragen (Insiderrecht).

Vertragsstrafen in Bezug auf vertrauliche Daten (siehe auch „Vertraulichkeitserklärung") können respektable Höhen erreichen, weswegen dem entsprechenden Umgang und vor allem auch Zugang zu sensiblen Daten ein hoher Stellenwert innerhalb des Teams eingeräumt werden sollte.

7.1.9 Datensammlung und Aufbereitung in einem Datenraum

Eine Due Diligence beginnt in der Regel mit der Sammlung und Aufbereitung der relevanten Objektdaten. Die Menge der erforderlichen Daten hängt dabei in hohem Maße von der Größe und der Art der Nutzung des zu beurteilenden Objektes ab. Je nach Umfang, Objektart und Vermarktungsstrategie wird ein Großteil der relevanten Informationen bereits vom Eigentümer zur Verfügung gestellt. Der Umfang und die Art der Präsentation der Daten ist dabei sehr unterschiedlich. Bei größeren Objekten steigt der organisatorische Aufwand mit zunehmender Datenmenge extrem an.

Wie oben dargestellt ist hierbei ein wichtiger Punkt die Vertraulichkeit der Daten, wie beispielsweise Mietverträge, welche häufig Verschwiegenheitsverpflichtungen enthalten. In solchen Fällen empfiehlt es sich, dass der Eigentümer einen so genannten Datenraum eingerichtet. Hier werden alle prüfungsrelevanten Unterlagen in einer festgelegten Struktur aufbewahrt.

Die Erstellung eines Datenraums geht deutlich über die reine Zusammenstellung von Informationen heraus. Eine eingehende Prüfung sämtlicher Informationen die den Prüfern zur Verfügung gestellte werden, ist unumgänglich. So können eventuell auftretende Probleme und Unstimmigkeiten im Vorfeld erkannt und rechtzeitig behoben werden.

Bevor der Datenraum einem Interessenten zur Verfügung gestellt wird, sollte eine Auswahl der im ersten Schritt offen zu legenden Daten stattfinden. Wichtiges Kriterium bei der Auswahl der Unterlagen für den Datenraum ist die Interessenzufriedenheit, d.h. dem potentiellen Käufer alle wichtigen Informationen zur Verfügung zu stellen. In der Praxis sind Immobilientransaktionen schon deshalb gescheitert, weil Verkäufer trotz abgeschlossener Vertraulichkeitsvereinbarungen hier zu kleinlich vorgegangen sind.

Der potentielle Käufer muss über alle für ihn wesentlichen, für den Abschluss des Geschäfts relevanten Umstände der Immobilie informiert werden. Dem Verkäufer sollte stets bewusst sein, dass die dem Interessenten zur Verfügung gestellten Unterlagen eine ganz erhebliche Marketingfunktion für die Bewertung der Immobilie haben. Werden die Unterlagen dem Interessenten in ansprechender Form präsentiert, stellt der Datenraum ein „Schaufenster" für die Immobilie bzw. das Portfolio dar.

Der Zeitaufwand und die Ressourcenbindung für die Gewinnung der Daten werden häufig unterschätzt. Die notwendige Einbindung unterschiedlicher Abteilung, wie der Objektverwaltung und der Rechts- und Finanzabteilungen, führt zu einer außerordentlichen Belastung der verantwortlichen Mitarbeiter auf Seiten des Verkäufers.

7.2 Vorgehensweise und Inhalt

7.2.1 Vorgehensweise

Die generelle Vorgehensweise bei einer Due Diligence unterscheidet sich trotz verschiedener Zielsetzungen nur wenig und lässt sich prinzipiell in drei Phasen unterteilen.

- Datensammlung und Datenstrukturierung
- Datenanalyse
- Auswertung und Bericht

Im Folgenden ist der zeitliche Ablauf einer Due Diligence noch mal grafisch dargestellt.

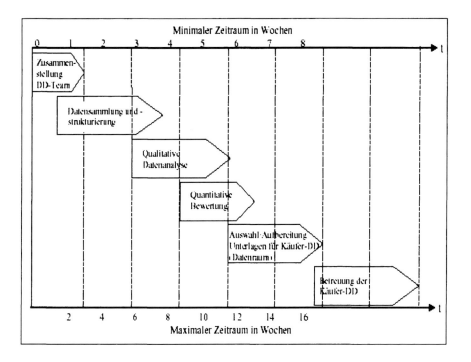

◻ **Zusammenstellung des Due Diligence- Team**

Als erster Schritt einer Due Diligence muss ein fachlich qualifiziertes Team zusammengestellt werden (vgl. Abschnitt 7.1.7. Due Diligence-Team).

◻ **Datensammlung und Datenstrukturierung**

Zu Beginn der Ausführung müssen alle erforderlichen Daten und Informationen zu der zu analysierenden Immobilie beschafft und strukturiert werden. Um eine systematische und

vollständige Zusammenstellung der Unterlagen zu gewährleisten, werden zur Informations-
beschaffung häufig individuell angepasste Checklisten verwendet.

❑   **Datenanalyse**

In der nächsten Phase der Due Diligence müssen die gewonnenen Informationen objektspezi-
fisch analysiert werden. Dabei können folgende Analysefelder unterschieden werden:

- Markt-/Standortanalyse
- Wirtschaftliche Analyse
- Rechtliche Analyse
- Steuerliche Analyse
- Technische Analyse

❑   **Auswertung und Bericht**

Anschließend fließen die Ergebnisse der Analyse in die Bewertung ein und werden in einem
Ergebnisbericht für den Auftraggeber zusammengefasst. Dieser Due Diligence-Bericht ent-
hält die Ergebnisse der einzelnen Prüfbereiche sowie eine Gesamtbewertung der Immobilie.

7.2.2   Markt- und Standortanalyse

Ein besonders wichtiger Teil einer Due Diligence ist die Durchführung einer detaillierten
Markt- und Standortanalyse.

> Die Markt- und Standortanalyse ist eine objektive, methodisch und fachlich fundierte
> standort-, markt- und potenzialseitige Untersuchung der wesentlichen Rahmenbedingun-
> gen. Sie beinhaltet das systematische Sammeln, Gewichten und Auswerten von Daten
> und Informationen, die im direkten und indirekten Zusammenhang mit einer Immobilie
> stehen.

Die Markt- und Standortanalyse muss alle für die Beurteilung der Entwicklungsmöglichkeiten der Immobilie notwendigen Rahmenbedingungen sowie deren zukünftige Veränderungen
aufzeigen.

❑   **Ziele der Markt und Standortanalyse**

- Ermittlung der Verkaufspreise durch Vergleichspreise
- Ermittlung der Nutzer- bzw. Marktanforderungen an Immobilien
- Ermittlung der demographischen und wirtschaftlichen Entwicklung eines Standortes
- Aussage über die Privatisierungsfähigkeit der Objekte in Abhängigkeit von den Marktge-
  gebenheiten und den Standortfaktoren

7.2.2.1 Marktanalyse

> Ziel einer Marktanalyse ist es, sich einen Überblick über die Angebots- und Nachfrage-situation im relevanten Mieter- oder Käufermarkt zu verschaffen. Dabei ist jedoch zu beachten, dass der Marktbereich immer objektbezogen zu bestimmen ist und enorm differieren kann. Dementsprechend kann es auch Sinn machen, nur einen Teilmarkt und nicht den Gesamtmarkt zu betrachten.

❑ **Eine qualifizierte Marktbetrachtung erfordert eine Analyse**

- der Bedarfssituation der angebotenen und nachgefragten Flächen,
- des verfügbares Flächenangebotes,
- der Leerstandsquote,
- der geplanter Fertigstellungen,
- des Gesamtbestandes,
- der Markttendenzen,
- und dem Mietniveau.

Weiterhin sollten bei der Marktanalyse relevante Konkurrenzobjekte in Hinblick auf Lage- und Ausstattungsparametern wie Verkehrsanbindung, Flächenzuschnitt, Flächengröße, technische Ausstattung, Mietpreise etc. näher betrachtet werden. Dies ermöglicht eine wesentlich präzisere Beurteilung der Marktgängigkeit des zu untersuchenden Objektes.

> In Hinblick auf Angebots- und Nachfragesituation sollten auch Einflüsse berücksichtigt werden, die nicht immobilienspezifischer Natur sind, wie z.B. gesamtwirtschaftliche Rahmendaten oder der demographische Entwicklung.

Es bleibt abzuwägen, welcher Aufwand für eine Marktanalyse zu betreiben ist. Da eine eigene projektbezogene Datenerhebung meist sehr zeit- und kostenintensiv ist, können die Marktberichte renommierter lokaler oder nationaler Makler, der RICS (Royal Institition of Chatered Surveyors) bzw. Researchberichte großer Bankhäuser eine kostengünstigere Alternative sein.

Als wichtige Informationsquellen können aber auch die Stadtverwaltungen und die Einrichtungen der regionalen Wirtschaftsförderung dienen.

7.2.2.2 Standortanalyse

Die Standortanalyse betrachtet das Objekt an sich (Objektanalyse) in seinem direkten Umfeld (Mikrostandort) und weiterem Umfeld (Makrostandort). Die Abgrenzung der jeweiligen Betrachtungsräume ist vom Objekt und dessen Nutzung sowie der Umgebungs- und Konkurrenzsituation abhängig.

Die Auswahl der zu analysierenden Standortfaktoren ist in erster Linie abhängig von der Nutzungsart. Beispielsweise ist die Analyse der Passantenfrequenz am Standort für ein Einzelhandelsgeschäft von elementarer Bedeutung, hingegen für die Lagebeurteilung einer Wohnimmobilie unbedeutend. Deshalb sollte in jedem Fall eine individuelle, auf das Objekt und die Nutzungsart abgestimmte Auswahl und Gewichtung der Standortfaktoren erfolgen.

❑   **Objektanalyse**

Bei der Objektanalyse steht die Untersuchung des Grundstücks und des Gebäudes im Mittelpunkt. Dabei sind folgende Untersuchungskriterien von Interesse:

- Grundstücksgröße, -zuschnitt, -beschaffenheit
- Objektgröße, -zuschnitt, -ausstattung, -erscheinungsbild.
- Sichtanbindung
- Parkplatzsituation

Die Objektanalyse ist eng verbunden mit der technischen Analyse, die an späterer Stelle im Detail erläutert wird

❑   **Makrostandort**

Ein wesentliches Untersuchungsgebiet der Standortanalyse ist die Betrachtung des Makrostandortes. Er schließt den gesamten Verdichtungs- oder Ballungsraum ein. Bei Großstädten ist dies in der Regel die Stadt selbst inklusive des so genannten suburbanen Umfeldes. Hierbei erfolgt eine Einteilung der Kenngrößen in „harte" und „weiche" Standortfaktoren

❑   **Harte Standortfaktoren sind in diesem Fall:**

- Die Einwohnerzahl, Bevölkerungsstruktur und deren Entwicklung.
- Die Alters-, Einkommens- und Haushaltstruktur, die sich in Kennzahlen wie Erwerbsquote, Kaufkraftkennziffern, Ausländeranteil widerspiegelt.
- Die Beschäftigungs- und Wirtschaftsentwicklung, gemessen an der regional erzielten Wertschöpfung und am Bruttonationalprodukt pro Kopf.
- Die infrastrukturelle Zentralität wie Anbindung an das überregionale Fernstraßen- und Wasserstraßennetz, sowie die Erreichbarkeit mit Flugzeug und Bahn.
- Die Zentralität öffentlicher Einrichtungen wie Ministerien, Gerichte, Universitäten. Aber auch die Ansiedlung von Großunternehmen aus den Bereichen Handel, Produktion und Medien haben Einfluss auf eine Wirtschaftsregion und stabilisieren sie in der Regel nachhaltig.

- Belastungen durch Steuern und andere Abgaben sowie Subventionen.

- Verfügbarkeit von qualifizierten Arbeitskräften sowie die allgemeine Arbeitsmarktsituation.

- Beschränkungen durch Auflagen in Bereichen wie Umwelt und Arbeitsrecht.

- Die jeweils regional gültigen Steuern, Abgaben und Kosten.

- Auch Funktionsveränderungen spielen eine bedeutende Rolle. Während zum Beispiel Leipzig als Messestadt an Bedeutung gewinnt, hat Bonn durch den Umzug der Bundesregierung nach Berlin an Wichtigkeit verloren.

Die weichen Standortfaktoren spiegeln häufig das Image wieder, das eine Region aufgrund bestimmter Faktoren, wie z.B. Mentalität, der ortsansässigen Wirtschaft oder sonstiger prägnanter Aspekte, hat. Nicht zu unterschätzen ist auch die natürliche Attraktivität einer Region, welche sich in der Nähe zu Bergen, Seen oder dem Meer widerspiegeln kann.

❑   **Mikrostandort**

Wesentliche Prüfbereiche einer Mikrostandortanalyse sollten sein:

- Die Lage des Grundstücks: Liegt es einzeln als solitärer Standort oder in einer gewachsenen Struktur als so genannter integrierter Standort.

- Die Eigenschaften des Grundstückes, in Bezug auf praktische Bebaubarkeit, Zugang, Sichtanbindung, Ebenerdigkeit und Zuschnitt.

- Die Beurteilung der Nahversorgungsattraktivität, also die Anzahl, Struktur und Qualität der im näheren Umfeld angebotenen Dienstleistungen, Freizeit-, Einkaufs- und Erholungsmöglichkeiten.

- Die infrastrukturelle Erschließung sowohl für den Individualverkehr als auch über den öffentlichen Personennahverkehr und je nach Objekt (Einzelhandelsfachmarkt, Hotel, Tankstelle) auch die Anbindung an das überregionale Schienen- und Straßennetz.

- Die Einschätzung des Umfeldes, in Hinblick auf den Branchenmix, -struktur, Umgebungsbebauung und je nach Nutzungsart (Einzelhandel) Synergien und Agglomerationseffekte sowie Nachbarschaftsbebauung und Nutzung.

- ISO-Zeitlinie (z.B.: Entfernung Wohnort zum Arbeitsplatz)

❑   **Bedeutung der Standortfaktoren**

Folgende Abbildung zeigt die grundsätzliche Gewichtung konkreter Standortfaktoren für Einzelhändler und lässt eine gewisse Rangfolge erkennen. Allerdings ist bei einer grundlegend andersseitigen Nutzung auch eine andere Gewichtung anzunehmen.

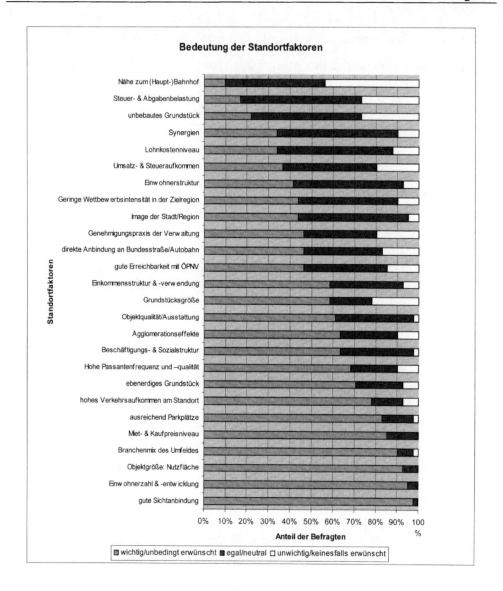

7.2.3   Rechtliche Due Diligence

Sämtliche mit einer Immobilie verknüpften Verträge und Verpflichtungen können eine Wertbeeinflussung darstellen und müssen deshalb eingehend im Zuge der rechtlichen Analyse durchleuchtet werden.

❑   **Ziele der rechtlichen Due Diligence**

• Prüfung der öffentlich-rechtlichen, vertraglichen und zivilrechtlichen Voraussetzungen für die zukünftige Nutzung der Immobilie.

- Überprüfung der gesamten Vertragskonstellation rund um die Immobilie auf Risiken, Lücken und Potentiale.
- Analyse der rechtlich zulässigen vergangenen und gegenwärtigen Nutzung sowie zukünftiger Entwicklungsmöglichkeiten.

❑ **Eigentumsrechtlichen Rahmenbedingungen**

Am Anfang der rechtlichen Analyse steht die Betrachtung der eigentumsrechtlichen Rahmenbedingungen.

Anforderung und Überprüfung von Grundbuchauszügen in Bezug auf:

- Eigentumsverhältnisse
- Belastungen in Abteilung II und III
- Eingeschränkte Nutzbarkeit oder Teilbarkeit durch Belastung mit dinglichen Nutzungsrechten

> Grundsätzlich können Dienstbarkeiten zu einem Bewertungsab- und -zuschlag führen. Viele Grundstücke bauen ihre Rentabilität alleine auf dem Vorhandensein von Dienstbarkeiten auf.

Neben den Grundbüchern führt das Grundbuchamt auch so genannte Grundakten. Diese Grundakten enthalten sämtliche Urkunden und sonstige Unterlagen, die mit den Anträgen zum Grundbuch eingereicht sind und auf denen die Eintragungen beruhen; wie beispielsweise Kaufverträge, Auflassungsprotokolle, Erbbaurechtsverträge, Wohneigentumsverträge, Teilungserklärungen. Während das Grundbuch Auskunft über das Grundstück in rechtlicher Hinsicht (Eigentumsverhältnisse, Belastungen) gibt, hat das Liegenschaftskataster die Aufgabe, die Grundstücke in tatsächlicher Hinsicht zu beschreiben. Grundstücks- und Flurstücksgrößen können hier abgefragt werden.

> Das **Erbaurecht** stellt eine Ausnahme vom Grundsatz dar, dass ein Gebäude wesentlicher Bestandteil eines Grundstückes ist und nicht Eigentümer besonderer Rechte sein kann.
>
> Ein Erbaurecht ist das veräußerliche, vererbliche und beleihbare Nutzungsrecht, auf oder unter der Erdoberfläche eines fremden Grundstücks ein Bauwerk zu errichten bzw. zu besitzen.
>
> Ein Erbbaurecht wird in der Regel auf mindestens 30 Jahre und höchstens 99 Jahre vereinbart. Der Erbauzins ist abhängig von der zulässigen Nutzung des Grundstücks und damit vom möglichen Gebäudeertrag.
>
> Bei Ablauf des Erbaurechts kommt es zum so genannten Heimfall. Dabei fällt das Gebäude wieder an den Grundstückseigentümer zurück. Dieser ist allerdings zur Leistung einer Entschädigung verpflichtet. Auch kann eine Verlängerung des Erbbaurechtes oder eine Ankaufsoption für den bisherigen Erbbauberechtigten vereinbart werden.
>
> Bei der Prüfung eines Objektes, das auf einem Erbbaurecht erstellt wurde, sind im Rahmen der Due Diligence die Auswirkungen für einen Wiederverkauf und Wertentwicklung intensiv zu prüfen.

❑   **Öffentliches Baurecht**

Ein weiterer Aspekt der rechtlichen Due Diligence ist die Prüfung des öffentlichen Baurechts. Beim öffentlichen Baurecht unterscheidet man in Bauordnungs- und Bauplanungsrecht.

> Die Analyse des **Bauordnungsrechts** betrifft die Einsicht in Baugenehmigungsunterlagen und Nachtragsgenehmigungen, Auflagen, Nutzungsrechte und -beschränkungen durch Baulasten, Erschließungsverträge und die Prüfung von Denkmalschutzauflagen.

Gegenstand der Analyse des **Bauplanungsrechts** ist die Prüfung, ob ein rechtskräftiger Bebauungsplan besteht sowie seine Aussagen in Bezug auf:

- Art und Maß der baulichen Nutzung
- überbaubarer Grundstücksflächen und der Verkehrsflächen
- Baufenster, Baugrenzen und Baulinien
- Grundflächenzahl (GRZ)
- Geschossflächenzahl (GFZ)

> Mittels der Überprüfung des Bebauungsplanes kann festgestellt werden, ob Entwicklungspotentiale für das jeweilige Grundstück bestehen oder ob seine Potentiale bereits erschöpft sind.

Besonders bei Projektentwicklungen und Neubauten sind auch immer die Sicherung der Erschließung und noch offen stehende Erschließungsbeiträge zu prüfen. Die Aufgabe zur Herstellung der Erschließung liegt bei der Gemeinde. Während bei der Prüfung von großen Wohnungsbeständen besonders auf die Möglichkeit einer Grundstücksteilung und deren mögliche Auswirkungen auf die baurechtlichen Anforderungen, wie Einhaltung der GRZ, GFZ, Grenzabstände, Sicherung der Stell- und Spielplätze zu prüfen, wert zu legen ist.

❑   **Baulasten und Denkmalschutzauflagen**

Baulasten sind im Gegensatz zu den Belastungen in Abteilung II des Grundbuches keine privatrechtlichen Beschränkungen, sondern so genannte öffentlich-rechtliche Sicherungsmittel. Sie werden nicht im Grundbuch, sondern in einem gesonderten Baulastenverzeichnis geführt.

> Eine Baulast ist eine freiwillig übernommene Verpflichtung gegenüber der Gemeinde, etwas zu tun, zu dulden oder zu unterlassen und eine Baugenehmigung zu ermöglichen. Häufig werden Baulasten zur Einhaltung von Grenzabständen, zur Sicherung einer Zufahrt und der erforderlichen Stellplatzanzahl eingesetzt.

Wichtig für die Praxis ist, dass die Baulast ausschließlich öffentlich-rechtlichen Charakter hat. Sie kann zivilrechtliche Vereinbarung und/oder Dienstbarkeiten nicht ersetzen. Die Baulast alleine begründet also für den Grundstückseigentümer keine durchsetzbaren Nutzungsrechte gegen den Baulastübernehmer. Neben der Baulast ist deshalb unbedingt eine Grunddienstbarkeit oder eine (schriftliche) Gestattung des Eigentümers erforderlich.

Auskünfte über Denkmalschutzauflagen müssen bei der zuständigen Denkmalschutzbehörde angefordert werden. Grundsätzlich können das gesamte Gebäude oder nur einzelne Teile wie die Fassade unter Denkmalschutz gestellt werden.

Durch Denkmalschutz können dem Eigentümer/Investor finanzielle Nachteile entstehen. Dem gegenüber stehen aber auch gewisse Vorteile wie Fördermittel. Zum einen erlaubt die Steuergesetzgebung zusätzliche Sonderabschreibungen, zum anderen besteht die Möglichkeit an direkten finanziellen Fördegelder der Länder und Kommunen zu gelangen. Stellenweise kann auch gerade durch das Vorhandensein einer optisch ansprechenden oder „historischen" Bausubstanz die Attraktivität und Werthaltigkeit einer Immobilie erhöhen.

❑   **Privatrechtliche Rechtsstreitigkeiten**

Im Rahmen der rechtlichen Due Diligence sollte auch die Feststellung und Bewertung von offenen Rechtsstreitigkeiten einschließlich schiedsgerichtlicher Verfahren erfolgen. Dies betrifft neben den baurechtliche Rechtsstreitigkeiten und Beweissicherungsverfahren besonders Rechtsstreitigkeiten mit Mietern und Nachbarn.

7.2.4   Wirtschaftliche Due Diligence

Die wirtschaftliche Analyse befasst sich mit der Ertrags- und Finanzsituation der Immobilie. Sämtliche vergangenen, gegenwärtigen und zukünftigen Vorgänge, die Einfluss auf die finanzielle Lage haben, müssen erfasst werden. Eine Prognose über die Höhe und Entwicklung der Zahlungsströme einer Immobilieninvestition erfordert die Analyse betriebswirtschaftlicher Einflussgrößen.

❑   **Ziele der wirtschaftlichen Due Diligence**

* Dokumentationsfunktion zur Absicherung gegen Rechtsstreitigkeiten nach der erfolgten Transaktion (rechtliche Funktion)
* Abbau der Informationsasymmetrie zwischen Käufer und Verkäufer (ökonomische Funktion)
* Risikoermittlungsfunktion
* Wertermittlungsfunktion bzgl. des Kaufpreises

Die dafür notwendigen Informationen können zum einen direkt aus den Mietverträgen selbst, zum anderen aus dem Wirtschaftsplan und der Einnahme/Ausgaberechnung entnommen werden.

In der Einnahme/Ausgabenrechnung werden alle Einnahmen aus Mieten oder Pachten allen Ausgaben gegenübergestellt, die im Zusammenhang mit der Bewirtschaftung der Immobilie stehen.

Der Wirtschaftsplan basiert auf der Einnahme/Ausgabenrechnung der Vorjahre und schreibt diese für das folgende Jahr fort. Zusätzlich berücksichtigt werden notwendige Modernisierungen und Investitionen. Betrachtet man die Einnahme/Ausgabenrechnung und Wirtschaftpläne, erhält man einen guten Überblick über die Reparaturen und Investitionen sowie die Ertragssituation der Immobilie.

7.2.4.1   Mieteranalyse

Ein wesentliches Element der wirtschaftlichen Analyse ist die Mieteranalyse, um sich ein genaues Bild der nachhaltigen Ertragsfähigkeit der Immobilie zu verschaffen. Bei der Überprüfung der Ertragsfähigkeit des Objektes sollten insbesondere folgende Kriterien betrachtet werden:

- Vermietungsstand
- Nachhaltigkeit der Mieterträge
- bestehende Mietesteigerungspotentiale
- Fluktuation

Eine detaillierte Mieternalyse erfordert in erster Linie eine strikte Untersuchung der bestehenden Mietverträge. Zusätzlich ist auch eine genaue Betrachtung der Mietvertragsstruktur und der Bonität der vorhandenen Mieter von großer Bedeutung, da diese die Nachhaltigkeit des Mietertrags bestimmt.

❏   Mietvertragsstruktur

Die Prüfung der Mietvertragsstruktur ist bei jeder Art von Immobilien unumgänglich, sie erfolgt jedoch je nach Nutzungsart der Immobilie unter unterschiedlichen Gesichtspunkten; insbesondere ist auf das unterschiedliche Mietvertragsrecht für wohnwirtschaftliche Mietverträge und gewerblich Mietverträge hinzuweisen. Wohnwirtschaftliche Mietverträge sind mit wenigen Ausnahmen (Inklusivmieten, Schönheitsreparaturen) durch gesetzliche Vorgaben und Rechtsprechung sehr vereinheitlicht.

Im gewerblichen Mietvertragsrecht sind die Vertragsparteien freier in der Vertragsgestaltung. Hierbei bestehen wesentlich weniger gesetzliche Restriktionen hinsichtlich der Miethöhe, Verrechnung der Nebenkosten und der Vertragslaufzeit bzw. der Kündigungsfrist. Umso wichtiger ist die detaillierte Prüfung jedes einzelnen Gewerbemietvertrages. Unabhängig von der Art des Mietvertrags sollten die bestehenden Mietverträge zunächst vor allem in Hinblick auf Wirksamkeit, Form, Laufzeit und Kündbarkeit geprüft werden. Jeder Mietvertrag sollte Vereinbarungen zu folgenden Themen enthalten:

- Mietparteien und Mietobjekt
- Art der erlaubten Nutzung und Umfang möglicher baulicher Veränderungen
- Datum des Mietbeginns und Mietdauer bzw. Kündigungsfristen

- Umlegbare Nebenkosten
- Höhe der Miete und der Mietkaution

❑ **Bei gewerblichen Mietverträgen sind darüber hinaus noch Vereinbarungen zu folgenden Themen üblich:**

- Rechte zur Untervermietung oder Weitervermietung an Dritte
- Eventuelle Betriebspflichten des Mieters
- Miethöhe, Zahlungsweise, eventuelle Umsatzmietvereinbarungen
- Mietanpassung durch Staffelmietvereinbarungen, Index-, Leistungsvorbehalts- bzw. Spannungsklauseln
- Kleinreparaturklausel
- Konkurrenzschutz
- Umfang der Rückbauverpflichtung von Mietereinbauten
- Optierung zur Umsatzsteuer
- Optionen auf Mietvertragsverlängerung
- Optionsrechte für die Anmietung weitere Flächen
- Umfang der Übernahme der Instandhaltung und Schönheitsreparaturen
- Mieter-Incentives, wie mietfreie Zeiten, Umzugsservice
- Übernahme der Kosten von Mietereinbauten bei Mietbeginn

Gerade bei langfristigen Mietverträgen ist neben der absoluten Höhe des Mietzinses und dem Verhältnis zur üblichen Marktmiete auch die Art der **Mietzinsanpassung** entscheidend. Üblich sind dabei Mietzinsanpassungen in Form von:

- **Staffelmietvereinbarungen**, bei denen schon bei Vertragsabschluss festgelegt wird, wann sich der Mietzins um wie viel erhöht.
- **Indexklauseln**, die die künftige Mietentwicklung an den Verlauf eines bestimmten Preisindex, z.B. den Lebenshaltungskostenindex knüpfen.
- **Leistungsvorbehaltsklauseln**, die eine Änderung des Mietzinses auch an die Entwicklung eines Indexes knüpfen. Solche Klauseln haben jedoch keine automatische entsprechende Veränderung zur Folge, sondern sichern nur einen Anspruch auf Neuverhandlung.
- **Spannungsklauseln**, die den Mietzins an eine vergleichbare Leistung, wie beispielsweise die Mietpreisentwicklung in einem Marktsegment bindet.

Diese Mietzinsanpassungen sind für die langfristige Werterhaltung einer Immobilie sinnvoll, erschweren aber die Prognose der Ertragsfähigkeit einer Immobilie.

Nicht nur der Inhalt auch die **Form der Mietverträge** ist kritisch zu prüfen. So ist darauf zu achten, dass die Schriftform gewahrt ist. Die fordert zwar nicht zwingend die körperliche Verbindung aller Seiten eines Mietvertrags, es muss jedoch eine einheitliche Formatierung und eine fortlaufende Nummerierung der Seiten gewährleistet sein. Anlagen und Zusatzvereinbarungen, die diese Kriterien nicht erfüllen, sind in der Regel als nichtig zu betrachten. Weiterhin sind Verträge nur gültig, wenn sie von Vertretern beider Seiten unterzeichnet wurden und wenn die jeweiligen Unterzeichner dazu auch berechtigt waren.

Neben den eigentlichen Mietverträgen besteht häufig noch eine Anzahl weiterer Verträge, wie Stellplatzmietverträge oder Verträge über die Anbringung von Mobilfunkantennen und Reklame. Diese Verträge können je nach Objekt einen durchaus bedeutenden Anteil an dem Ertrag einer Immobilie ausmachen. Bei einer Due Diligence ist dabei zu prüfen, ob sich durch die Verstärkung derartiger Maßnahmen der Mietertrag noch zusätzlich steigern ließe oder ob vielleicht schon der bisherige Umfang den Interessen des Erwerbers widerspricht.

❑   **Mieterbonität**

Der Prüfung der Mieterbonität kommt vor allem im Zusammenhang mit dem Verkauf von Wohnungsportfolios erhöhte Bedeutung zu. Da die meisten Transaktionen von Wohnungsportfolios unter dem Gesichtspunkt eines späteren Weiterverkaufs der Wohnungen an die Mieter erfolgen, sollte die Prüfung der Bonität der Mieter bereits unter dem Aspekt eines späteren Wohnungserwerbs erfolgen.

Da aber auch in einem gewerblichen Mietvertrag jede Vertragsvereinbarung über Miethöhe und Vertragslaufzeit bedeutungslos wird, wenn der Mieter sie nicht erfüllen kann, kommt der Prüfung der Bonität auch bei gewerblichen Mietern eine große Bedeutung zu.

Auskünfte über die Bonität eines gewerblichen Mieters erhält man auf verschiedene Weise: Zum einen durch öffentlich zugängliche Informationen wie Presseberichte, Bilanzen und Publikationen. Zum anderen aber auch über Auskunftsdateien wie Creditreform oder die Schufa. Hier ist jedoch zu beachten, dass die Möglichkeiten der Bonitätsprüfung im Rahmen einer Due Diligence begrenzt sind, da viele Informationen, wie etwa die Auskunft der Hausbank nur mit Zustimmung des Mieter einzuholen sind.

Bei sämtlichen Informationsbeschaffungen ist darauf zu achten, dass die gewünschte Vertraulichkeit gewahrt bleibt und keine Informationen an die Öffentlichkeit gelangen, die zu einer Verunsicherung der Mieter führen.

Das Mietausfallwagnis wird in vielen Fällen durch Mietgarantien des Verkäufers abgefedert. Daher gewinnt dessen Bonität neben der des Mieters zusätzlich an Gewicht. Trotzdem bezahlt der Investor die Kosten der Mietgarantie in der Regel durch einen erhöhten Kaufpreis. Nach Ablauf des meist auf wenige Jahre beschränkten Mietgarantiezeitraums fällt das Risiko wieder voll auf den Investor zurück.

❑   **Mietermix**

Der Mietermix beschreibt die Zusammensetzung der unterschiedlichen Mieter innerhalb einer Immobilie, die erheblichen Einfluss auf den nachhaltigen Wert und damit auf das Investitionsrisiko hat.

Diversifizieren sich die Kosten und Risiken der Neuvermietung, der Vertragsverlängerung und des Mietausfalls auf mehrere Teilflächen, können deren negative Auswirkungen abgemildert werden. Aufgrund des geringeren Verwaltungsaufwandes kann jedoch auch ein solventer Einzelmieter vorteilhaft sein.

Weiterhin ist zu beachten, ob die unterschiedlichen Nutzungen komplementär, neutral oder konkurrierend sein können. Derartige Wechselbeziehungen treten sowohl zwischen den einzelnen Nutzungsarten, wie Wohnen, Büro und Einzelhandel als auch innerhalb einer Nutzungsart auf.

Bei gewerblich genutzten Objekten ist in diesem Zusammenhang neben dem vertraglich vereinbarten Konkurrenzschutz auch der so genannte „immanente Konkurrenzschutz" zu beachten. Er besagt, dass der Vermieter bei der Vermietung von Gewerbeflächen auch ohne eine ausdrückliche Vereinbarung einem Konkurrenzschutz gegenüber dem Mieter unterliegt. Hergeleitet wird dies laut geltender Rechtsprechung aus der Gebrauchsgewährungspflicht gemäß § 535 Abs. 1 BGB sowie aus der allgemeinen Fürsorgepflicht des Vermieters und den Grundsätzen von Treu und Glauben.

❏ **Bei der Analyse der Mieterstruktur von Wohnimmobilien sind insbesondere folgende Aspekt zu berücksichtigen:**

- Alters- und Sozialstruktur
- Anzahl der Personen die in einem Haushalt leben
- Finanzielle Belastungsgrenze
- Verhältnis der Mieter untereinander (Mieterklima).

❏ **Mietpotential**

Zusätzlich zur aktuellen Mietsituation und den bestehenden Mietverträgen sollte auch das Mietpotenzial des Objektes abgeschätzt werden. Dazu werden die leerstehenden Flächen mit der momentanen Marktmiete multipliziert. Das Mietpotenzial ist von besonderem Interesse für eine langfristige Renditebetrachtung, wie sie im Rahmen der quantitativen Datenauswertung durchgeführt wird.

7.2.4.2 Bewirtschaftungseffizienz

Ein ganz maßgeblicher Teil einer wirtschaftlichen Due Diligence ist neben der Mietanalyse auch die Prüfung der Bewirtschaftungseffizienz; sie wird maßgeblich durch die Bewirtschaftungskosten geprägt. Darunter sind alle Kosten zu verstehen, die im direkten Zusammenhang mit der laufenden Unterhaltung, der Instandhaltung und dem dauerhaften Betreiben einer Immobilie aufgewendet werden müssen. Einen ersten Anhaltspunkt für die Bewirtschaftungseffizienz geben die Auswertungen der Einnahmen- und Ausgabenberechnung sowie des Wirtschaftsplans. Hieraus kann in kurzer Zeit ein Überblick über die Bewirtschaftungskosten gewonnen werden, die ins Verhältnis zum Mietertrag oder der Mietfläche gesetzt werden können.

❑   **Dienstleistungs- und Managementverträge**

Detaillierte Informationen zur Bewirtschaftungseffizienz der zu untersuchenden Immobilie liefert die Analyse sämtlicher bestehender Dienstleistungs- und Managementverträge. Gerade bei größeren Objekten bestehen meist eine erhebliche Anzahl von verschiedensten Dienstleitungs- und Wartungsverträgen (infrastrukturelles Facility Management), beispielsweise für:

- Reinigung
- Strom- und Wasserversorgung
- Winterdienst
- Sicherheitsdienst
- Abfallentsorgung
- Wartung für Heizung, Lüftung, Brandschutzanlage, Aufzüge
- Versicherungen
- Kaufmännische Verwaltung/Objektmanagement

> All diese Verträge sind genau auf ihre Notwendigkeit, ihren Leistungsumfang und die damit verbundenen Kosten zu prüfen. Häufig bestehen hier durch Neuverhandlung und Bündelung von Leistungen noch große Einsparungspotenziale.

In der Regel belasten diese Kosten den Eigentümer zwar nicht direkt, da sie bei entsprechenden Vereinbarungen im Mietvertrag auf die Mieter umgelegt werden können. Sie erhöhen aber dessen Nebenkosten, was wiederum die Vermietbarkeit erschwert.

> Hohe Dienstleistungs- und Wartungskosten können auch auf ungünstigen Flächenzuschnitten oder auf der Verwendung von unwirtschaftlichen und pflegeaufwendigen Materialien beruhen. Unter Umständen können diese Kosten aber durch Umrüstungen oder durch zusätzliche Einbauten langfristig gesenkt werden. Die damit verbundenen zusätzlichen Kosten müssen jedoch ebenfalls in die Betrachtung mit einbezogen werden.

Die Kosten der Verwaltung stellen häufig einen der größten Kostenblöcke der Dienstleistungs- und Wartungsverträge dar. Der Zeitaufwand für diese Aufgaben und die damit verbundenen Kosten erhöhen sich durch die Mischung von verschiedenen Nutzungen, die Anzahl der Mieter, fehlende Messeinrichtungen für die Verbrauchserfassung, mangelhafte Bausubstanz und besonders einfache oder aufwendige Gebäudetechnik; sie können jedoch meist durch Größeneffekte und organisatorische Maßnahmen gesenkt werden. Bei der Überprüfung der Verwaltungskosten muss daher die Gebäudekonzeption und -ausstattung berücksichtigt werden.

> Bei der Überprüfung der Wartungs- und Dienstleistungsverträge im Zuge einer Transaktion ist zu beachten, dass diese Vertragsverhältnisse im Gegensatz zu den Mietverträgen, nicht Kraft Gesetzes vom Verkäufer auf den Käufer übergehen, sondern dass hierzu eine Vereinbarung und Zustimmung der Kaufvertragsparteien notwendig ist.

❑ **Instandhaltungskosten**

Die Instandhaltungskosten, d.h. Aufwendungen, die anfallen, um den ordnungsgemäßen Gebäudezustand zu erhalten, sind ein weiterer maßgeblicher Bestandteil der Bewirtschaftungskosten. Instandhaltungsmaßnahmen lassen sich aufteilen in:

- Inspektionen (Maßnahmen zur Feststellung und Beurteilung des Ist-Zustandes),
- Wartungen (Maßnahmen zur Bewahrung des Soll-Zustandes des Gebäudes und der Gebäudetechnik),
- und Instandsetzungen (Wiederherstellung des Soll-Zustandes durch Austausch oder Reparatur).

Die Höhe der Instandhaltungskosten ist unter anderem abhängig von der Konstruktionsweise und der Nutzung des Gebäudes sowie der damit verbunden technischen Ausstattung.

> In einigen Fällen kann ein Austausch oder die Umrüstung einer technischen Anlage durch geänderte Nutzeranforderungen (Klimatisierung statt Lüftung) oder gesetzliche Änderungen erforderlich werden. übergehen, sondern dass hierzu eine Vereinbarung und Zustimmung der Kaufvertragsparteien notwendig ist.

❑ **Betriebliche Analyse**

Im Rahmen der betrieblichen Analyse sollten u.a. die **Betriebskosten** näher betrachtet werden. Sie stellen meist den größten Anteil an den Bewirtschaftungskosten dar.

Betriebskosten sind alle Kosten, die dem Eigentümer durch das Eigentum am Grundstück oder durch den bestimmungsmäßen Gebrauch der Immobilie laufend entstehen. Die Betriebskosten sind in den letzten Jahren insbesondere wegen der erheblichen Zunahme der Energiepreis stark gestiegen. So dass die „2. Miete" mittlerweile genau so entscheidend ist, wie die eigentliche Kaltmiete.

Im Unterschied zu wohnwirtschaftlichen Mietverträgen, bei denen die Umlegbarkeit der Betriebskosten auf den Mieter in der Betriebskostenverordnung genau festgelegt ist, ist diese bei gewerblichen Mietverträgen weitestgehend verhandelbar. Abhängig von der Standortqualität und der aktuellen Marktsituation sind gewerbliche Mieter jedoch nicht ohne Weiteres bereit, alle Betriebskosten auch zu ersetzen.

> In der Rentabilitätsrechnung des Eigentümers führen nicht abgerechnete, tatsächlich aber angefallene Betriebskosten zu einer Ertragsschmälerung und Renditeeinbußen. Insbesondere deshalb sollte im Rahmen der wirtschaftlichen Due Diligence genau geprüft werden, ob die Höhe der Betriebskosten angemessen ist und ob zukünftig Einsparungspotentiale bestehen.

Repräsentative Vergleichswerte zur Beurteilung der Höhe der Betriebskosten liefern Publikationen renommierter Maklerhäuser.

7.2.4.3 Praxisbeispiel

❏ Ausschnitt aus einer Gesamtübersicht der Mietverträge einer Immobilie

VERMIETETE FLÄCHEN

BAUTEIL A	Mieter	Flächenart	Mietfläche (m²)	%	EUR/qm	Miete/Monat	Mietbeginn	Jahresmieteinnahmen (netto)			
								2005 2. JH	2006	2007	2008
1. OG. links	Mieter A	Bürofläche	921,00	7,21	10,00	9.210,00	1.10.2005				
		Lager/Archiv	25,00	0,81	5,00	125,00					
		Stellplätze	5,00		35,00	175,00					
						9.510,00		28.530,00	114.120,00	114.120,00	114.120,00
2. OG	Mieter B	Bürofläche	1.542,00	12,07	12,03	18.550,26	1.7.1997				
		Lager/Archiv	97,82	2,39	8,39	823,79					
		Stellplätze	35,00		30,41	1.064,35					
						20.238,40		121.430,41	242.860,82	242.860,82	216.960,00
3. OG. rechts	Mieter C	Bürofläche	671,80	5,26	10,00	6.718,00	1.6.2005				
		Stellplätze	5,00		35,00	175,00					
						6.893,00		48.251,00	82.716,00	82.716,00	82.716,00

BAUTEIL B	Mieter	Flächenart	Mietfläche (m²)	%	EUR/qm	Miete/Monat	Mietbeginn	2005 2. JH	2006	2007	2008
UG	Mieter D	Lagerfläche	381,75	9,37	4,86	1.855,31	1.1.2001				
			268,87	6,60	4,86	1.306,71					
			233,39	5,73	4,86	1.134,28					
	Summe:		**884,01**			**4.296,29**		25.777,73	51.555,46	51.555,46	51.555,46
EG links	Mieter E	Bürofläche	301,00	2,36	11,76	3.539,76	1.6.2001				
		Lager/Archiv	50,00	1,23	5,11	255,50					
		Stellplätze	5,00		40,90	204,50					
						3.999,76		7.999,52			

❑   **Analyse eines Einzelmietvertrage**

§	Seite	Thema	Anmerkung
1	2	Mieträume	laut beiliegendem Plan 954,67 m² Lagerfläche mit ca. 25 m² 8 Stellplätze auf Ebene 3
2	3	Änderungsarbeiten	Bis zur Übergabe wird VM noch die in Anlage 1.5 bezeichneten Änderungsarbeiten durchführen lassen. Anlage 1.5 liegt dem Mietvertrag nicht bei.
2.2.3	5	Mietbeginn, Mietdauer und Übergabe	Mietbeginn am 01.10.2005 für fünf Jahre (01.10.2005 - 1.10.2010) Option von fünf Jahren möglich, schriftliche Anzeige 9 Monate vor Beendigung des Mietverhältnisses
4	6	Miete und umsatzsteuerbedingte Nutzungsvereinbarung	10 € x 921,32 m² = 9.213,20 € 5 € x 25 m² = 175 € 35 € x 5 = 175 € Gesamt: 11.831,50 € zuzügl MwSt Betriebskostenvorauszahlung 2,50 € pro m² = 2.318,30 €
6.4	10	Mietveränderung	Mietveränderung entspricht der Veränderung des Verbraucherpreisindexes. Sie wird jewils zum 01.01. Eines jeden Kalenderjahres fällig.
8	12	Verzug	Im Falle des Verzugs mit der Zahlung der Miete und / oder Nebenkosten(vorauszahlungen) ist der Mieter zur Zahlung von Verzugszinsen in Höhe von 8 % p.a. über dem Basiszinssatz verpflichtet.
8.2.5	15	Sicherheit	Patronatserklärung in Höhe des 3-fachen der Monats-Bruttomiete zuzügl. des 3-fachen der Nebenkostenvorauszahlungen. Daraus ergibt sich Bürgschaft über 40.738,62 €.
14	19	Haftung für Mängel und Schäden, Instandhaltung und Instandsetzung des Mietgegenstands	VM trägt Kosten für Dach, Fach und Fassade. Haftungsbeschränkung auf Höhe der Versicherungssumme von 550.000 €.
17	19	Übergabe nach Beendigung des Mietverhältnisses	Nach fünf Jahren muss Mieter Räume fachgerecht und instandgesetzt übergeben. Nach zehn Jahren fachgerecht gereinigt.
18	20	Untervermietung	UV ist mit schriftlicher Genehmigung zulässig.UV von ca. 300 m² an die Mustermann Gruppe stimmt VM zu.
20.3	22	Kündigung aus wichtigem Grund	Es gelten die gesetzlichen Bestimmungen.
21	22	Ablauf der Mietzeit	MV verlängert sich nach Ablauf automatisch um ein Jahr, §545 BGB findet keine Anwendung

Die einzelnen Paragraphen eines Mietvertrages werden jeweils in Bezug auf ihre wirtschaftlichen Auswirkungen gefiltert dargestellt.

So bekommt der Auftraggeber einen direkten Überblick über die primär wichtigsten Daten und kann auf einen Blick eventuelle Risiken abschätzen.

❑   **Analyse der Betriebskosten**

Alle Einnahmen aus Mieten oder Pachten werden mit den Ausgaben verrechnet, die im Zusammenhang mit der Bewirtschaftung der Immobilie stehen.

Monat	Einnahmen			Ausgaben			Einnahmen weniger Ausgaben	
	effektiv	vorhergesagt	Differenz	effektiv	vorhergesagt	Differenz	vorhergesagt	effektiv
Jan	51.803,68	51.803,68	0	87.721,20	87.721,20	0,00	-35.917,52	-35.917,52
Feb	51.803,68	51.803,68	0	72.604,91	72.604,91	0,00	-20.801,23	-20.801,23
Mär	48.541,62	48.541,62	0	63.400,16	67.499,12	-4.098,96	-18.957,50	-14.858,54
Apr	44.871,54	44.871,54	0	80.275,29	79.582,40	692,89	-34.710,86	-35.403,75
Mai	44.871,54	44.871,54	0	60.503,85	59.400,12	1.103,73	-14.528,58	-15.632,31
Jun	53.296,88	53.296,88	0	3.362,61	60.539,12	-57.176,51	-7.242,24	49.934,27
Jul	0,00	53.296,88	-53.296,88	0,00	77.262,40	-77.262,40	-23.965,52	0,00
Aug	0,00	53.296,88	-53.296,88	0,00	59.400,12	-59.400,12	-6.103,24	0,00
Sep	0,00	53.296,88	-53.296,88	0,00	66.437,63	-66.437,63	-13.140,75	0,00
Okt	0,00	58.947,13	-58.947,13	0,00	81.902,40	-81.902,40	-22.955,27	0,00
Nov	0,00	45.222,59	-45.222,59	0,00	65.200,12	-65.200,12	-19.977,53	0,00
Dez	0,00	45.222,59	-45.222,59	0,00	67.499,12	-67.499,12	-22.276,53	0,00
Summe	295.188,94	604.471,89	-309.282,95	367.868,02	845.048,66	-477.180,64	-240.576,77	-72.679,08

7.2.5   Steuerliche Due Diligence

Die steuerliche Due Diligence umfasst sämtliche Maßnahmen zur Analyse und Berücksichtigung steuerlicher Chancen und Risiken. Je nach Anlass und Zielsetzung der Due Diligence werden unterschiedliche steuerliche Auswirkungen differenziert zu betrachten sein: Beim Kauf; während der Nutzung und beim Verkauf.

❑   **Kaufphase**

In der Kaufphase ist beispielsweise entscheidend, ob dem Verkauf/Kauf einer einzelnen Immobilie (Asset Deal) oder einer Immobiliengesellschaft (Share Deal) der Vorzug gegeben werden soll (vgl. Abschnitt 7.1.4). Darüber hinaus spielt die Gesellschaftsform der beiden Vertragsparteien für die Absetzbarkeit von Finanzierungs- und Erwerbsnebenkosten des Käufers sowie für die Versteuerung des Verkaufserlöses beim Verkäufer eine entscheidende Rolle.

❑   **Nutzungsphase**

Während der Nutzungsphase beruht die steuerliche Belastung auf drei wesentlichen Steuerarten: Als erstes wäre die Ertragssteuer zu prüfen, die auf die erzielten Erträge bezahlt werden muss, Einkommenssteuer bei Privatpersonen und Personengesellschaften bzw. Körperschaftssteuer bei Kapitalgesellschaften.

Zum zweiten ist die Umsatzsteuer zu beachten. Bei der Vermietung von Gewerbeflächen ist besonders zu beachten, dass einige Berufsgruppen wie Architekten und Banken, die umsatzsteuerfreie Dienstleistungen erbringen, unter Umständen zum Abzug der Vorsteuer berechtigt sind.

Die dritte relevante Steuerart ist die Grundsteuer. Diese wird jährlich von der Gemeinde erhoben. Da in den einzelnen Gemeinden unterschiedliche Hebesätze existieren kann dies Standortbestimmende Auswirkungen haben.

❑   **Verkaufsphase**

In der Verkaufsphase ist zu prüfen, ob und in welchem Umfang der Verkäufer die Einnahmen aus dem Verkauf der Immobilie zu versteuern hat (z.B. die 3-Objekt-Grenze innerhalb von 10 Jahren bei Privatpersonen).

> Neben der regulären steuerlichen Abschreibung sollte auch immer noch geprüft werden, ob Möglichkeiten zu Sonderabschreibungen wie etwa bei denkmalgeschützten Gebäuden oder infolge von Investitionen zur Senkung des Energiebedarfes bestehen.

7.2.6   Technische Due Diligence

Die technische Due Diligence beurteilt den Zustand und die bauliche Ausgestaltung der Immobilie hinsichtlich ihrer Ausstattungs- und Qualitätsstandards.

Sie beschreibt jedoch nicht nur den technischen Ist-Zustand, sondern sie soll auch die finanziellen Konsequenzen eines Investitions- oder Reparaturstau aufzeigen.

Die Bedeutung der technischen Due Diligence hängt vom Lebenszyklusstadium der jeweiligen Immobilie ab. Während sie sich bei unbebauten Grundstücken und bei Abrissbauten auf die Untersuchung der Altlastenproblematik beschränkt und damit eine geringere Bedeutung hat, spielt die Einschätzung der Bauqualität und der Nutzungsflexibilität bei Investitionen in Immobilienprojektentwicklungen und insbesondere bei Bestandsimmobilien eine große Rolle.

Im Falle von Investitionen in Bestandsimmobilien ist auch die Einschätzung der Gebäudeeffizienz zusätzlich von großer Bedeutung. In technischer Hinsicht stehen weiterhin die Themen Brandschutz und Altlasten im Vordergrund.

7.2.6.1   Bauqualität und Bauweise

Die Bauqualität und die Bauweise bestimmen wesentlich den nachhaltigen Erfolg einer Immobilieninvestition, auch wenn kurzfristig andere, wie beispielsweise steuerliche Aspekte im Vordergrund stehen.

❑   **Noch zu realisierenden Immobilienprojekten**

Bei noch zu realisierenden Immobilienprojekten wird meist ein Generalunternehmer und/oder ein Projektsteuerer eingesetzt, der für die Einhaltung der Qualität der verwendeten Materialien, sowie des Zeit- und Kostenrahmens verantwortlich ist. Dessen Gewährleistungsdauer ist, je nach Gewerk, auf bis zu fünf Jahre beschränkt. Zusätzliche Sicherheit bezüglich der Bauqualität bieten eine Vereinbarung der Bauausführung nach DIN-Normen und die Überwachung der Bauleistungen durch externe Sachverständige wie den TÜV.

Jedoch spielen nicht nur die Qualität der Bauausführung und der verwendeten Materialien einer Immobilie eine entscheidende Rolle für eine langfristige Nutzung, sondern auch die Bauweise. Diese sollte eine optisch ansprechenden Eindruck machen, zugleich aber auch kostengünstig umzusetzen sein, sowie allen gesetzlichen und baurechtlichen Anforderungen genügen. Außerdem sollten die Auswirkungen der Bauweise auf spätere Unterhaltungs- und Instandhaltungskosten (beispielsweise erhöhter Instandhaltungsbedarf eines Flachdaches gegenüber einem Satteldach) berücksichtigt werden.

❑   **Bestandsimmobilien**

Bei Bestandsimmobilien gestaltet sich die Prüfung der Bauqualität und der Bauweise meist etwas schwieriger. Zum einen sollten die Originalunterlagen aus der Bauzeit beschafft, auf Vollständigkeit und Aktualität überprüft und ausgewertet werden. Hier kann erschwerend hinzukommen, dass das Bauwerk und die Installationen trotz ursprünglich korrekter Ausführung unter Umständen sowohl den gesetzlichen als auch den mieterseitigen Ansprüchen nicht mehr genügen.

❑   **Sanierungsobjekten**

Bei Sanierungsobjekten muss zusätzlich noch der Aspekt des Denkmalschutzes bedacht werden. Dieser kann sich durch Auflagen und Nutzungsbeschränkungen kostensteigernd und ertragsmindernd auswirken. Daneben kann durch den Erhalt eines historischen Gebäudes aber auch ein einmaliges Image geschaffen werden und es können die bereits dargelegten steuerlichen Vorteile sowie staatliche Förderungen in Anspruch genommen werden.

7.2.6.2   Gebäudeflexibilität

Die Marktgängigkeit einer Immobilie im Sinne einer nachhaltigen Vermietbarkeit und damit der Wert einer Immobilie wird in hohem Maße von der **Nutzungsflexibilität** beeinflusst.

Hierunter versteht man die Möglichkeit, in der bestehenden Primärstruktur (Rohbau) mehrere Erneuerungszyklen und Nutzungsänderungen darstellen zu können. Dementsprechend sollte auch die Sekundärstruktur (Gebäudeausbauten) so aufgebaut sein, dass einzelne Komponenten leicht austauschbar sind.

Als **Flächenstruktur** eines Gebäudes bezeichnet man die Aufteilung des Gebäudes und der einzelnen Flächeneinheiten. Die Möglichkeit, die Flächen flexibel zu nutzen und aufzuteilen, ist dabei eine wesentliche Voraussetzung für eine nachhaltige Vermietbarkeit. Wie weit sich ein Gebäude aufteilen lässt, wird von der Anzahl der Zugänge, Treppenhäuser, Aufzüge und Sanitärbereiche begrenzt. Da die Flächenstruktur bei Sonderimmobilien in sehr hohem Maße auf die Nutzung (wie beispielsweise Kino) zugeschnitten ist, ist hier die Flexibilität stark eingeschränkt

7.2.6.3   Gebäudeeffizienz

Als drittes Beurteilungskriterium der technischen Due Diligence ist die Gebäudeeffizienz zu prüfen, die ihrerseits wieder in Flächeneffizienz und Ausstattungseffizienz, unterteilt wird.

❑   **Flächeneffizienz**

Zur Ermittlung der Flächeneffizienz wird zum einen das Verhältnis von der auf der Grundstücksfläche maximal baurechtlich zulässigen Fläche zu der tatsächlich entstandenen Fläche errechnet; die so genannte Grundstücksauslastung. Die relevanten Kennzahlen hierzu sind die Grundflächenzahl (GRZ) und die Geschossflächenzahl (GFZ).

Zum anderen spielt das Verhältnis von Gesamtfläche zu nutzbarer/vermietbarer Fläche eine große Rolle. Diese Berechnung gestaltet sich jedoch erheblich schwieriger, da für gewerblich genutzte Flächen keine rechtsverbindlichen Standards existieren, wie sie für öffentlich geförderten Wohnungsbau in Form der Wohnflächenverordnung bestehen. Üblich sind jedoch die Flächenberechnung nach DIN 277 und gif (Gesellschaft für Immobilienwirtschaftliche Forschung), die sich ebenfalls an der DIN orientiert. Entsprechend der Mietflächendefinition für Büroraum hat die gif auch eine Definition für Handelsflächen veröffentlicht. Diese teilt die gesamte Mietfläche ebenfalls in Hauptnutzfläche, Nebennutzfläche, Funktionsfläche, Verkehrsfläche und Konstruktionsgrundfläche. Je nach Flächentypus werden die Flächen dann ganz (Hauptnutzfläche), nur teilweise bzw. zu niedrigerem Preis (Nebennutz-, Verkehrsfläche) oder gar nicht (Funktions-, Konstruktionsgrundfläche) berücksichtigt.

> Als Richtwerte für eine durchschnittliche Flächeneffizienz (Verhältnis Gesamtfläche BGF zu nutzbareren Fläche NGF) können folgenden Werte angenommen werden: Im Geschosswohnungsbau sollte der Anteil der NGF ca. 75 %, bei Bürogebäuden ca. 80 % und bei Produktions- und Einzelhandelsflächen ca. 90 % betragen.

❑ **Ausstattungseffizienz**

Die Ausstattungseffizienz misst das Kosten-Nutzen-Verhältnis der Gebäudeausstattung oder anders gesagt, wie wichtig den Mietern ein Ausstattungsmerkmal ist und was sie bereit sind, dafür zu bezahlen; d.h. entspricht die Eingebaute Gebäudetechnik die Gebäudeausstattung den Anforderungen der Mieter bzw. der üblichen Anforderungen, die an eine entsprechende Immobilie gestellt werden können. Welche Ausstattungsmerkmale hierbei von besonderer Wichtigkeit sind, ist von der jeweiligen Nutzung der Immobilie abhängig, nachfolgend sind hierfür einige wesentliche Merkmale genannt:

Für gewerblich genutzte Objekte:

*   Sonnenschutzeinrichtungen/Lüftung/Klimatisierung
*   Effizienz und Flexibilität der Raum- und Flächenaufteilung
*   Aufzuganlage
*   Gebäudeoptik (Fassade, Individualität der Architektur)
*   Stellplatzangebot

Für Einzelhandelsobjekte:

*   Stellplatzangebot
*   Länge/Höhe der Schaufensterfront
*   Ebenerdiger Zugang
*   Aufzug/Rolltreppe
*   Belieferungsmöglichkeit/Andienung
*   Lüftung/Klimatisierung

Für wohnwirtschaftliche Objekte:

*   Stellplatzangebot
*   Wohnungs-/Raumzuschnitt
*   Fensterflächen/Balkon
*   Ausstattungsmerkmale Parkettboden, Naturholztüren etc.
*   Aufzug

7.2.6.4   Altlasten

Von elementarer Bedeutung bei der technischen Due Diligence ist auch die Prüfung der Altlastenproblematik. Hierbei ist zwischen der Verunreinigungen des Grundstücks bzw. des Grundwasser, des Gebäudes und der Gebäudetechnik zu unterscheiden.

Viele Grundstücke haben in den letzten Jahrzehnten seit Beginn der Industrialisierung, vor ca. 150 Jahren, eine lange Vergangenheit mit einer unter Umständen sehr wechselhaften Nutzungen. Abhängig von der Nutzungsgeschichte des Grundstücks kann es zu einem nutzungsbedingten Gefahrenstoffeintrag wie Benzin, Öl oder Schwermetalle gekommen sein.

> Eine Hilfestellung ob eine Belastung des Grundstücks vorliegen kann, bietet das kommunale Altlastenkataster, in dem sämtliche Verdachtsflächen erfasst sind.

Sollte sich der Verdacht einer Altlastenkontaminierung erhärten, müssen diese in gesonderten Gutachten (Boden- und Grundwassergutachten) genau untersucht werden, da sich hieraus erhebliche Haftungskonsequenzen und Sanierungskosten ergeben können. Allerdings sind diese Gutachten oft langwierig und teuer, sie können somit den Zeitplan für eine Transaktion stark beeinflussen. Altlasten innerhalb des Gebäudes finden sich häufig in Form von asbesthaltigen Dämm- und Brandschutzmaterialien sowie der Verkleidung von Dach und Fassade. Eine Belastung mit Gefahrenstoffen bei der Gebäudetechnik geht meist ebenfalls von asbesthaltigen Dämmstoffen und belasteten Kühl- und Schmiermitteln aus. Eine weitere Hauptgefahrenquelle stellt eine frühere militärische Nutzung und Bomben aus dem 2. Weltkrieg dar.

7.2.6.5 Praxisbeispiele
❑ **Flächenaufstellung BGF nach DIN 277**

BGF nach DIN 277:	Untergeschoss	4.075.79 m²
Erdgeschoss		4.121.90 m²
1.Obergeschoss		3.343.90 m²
2.Obergeschoss		3.343.90 m²
3.Obergeschoss		3.343.90 m²
Dachgeschoss		836.66 m²

❑ **Mietflächenberechnung nach GIF**

Ge-schoss	vermietbare Flächen [m²] HNF/VF	vermietbare Flächen [m²] NNF/FF	vermietbare Flächen gemeinschaftliche Nutzung [m²]	keine Mietflächen [m²]	Flächensumme pro Geschoss [m²]
UG	2285,63	0	385,01	601,11	3271,75
EG	3115,92	225,72	372,64	105,26	3819,54
1. OG	2655,96	233,57	130,09	95,85	3115,47
2. OG	2657,79	233,17	130,76	96,59	3118,31
3. OG	2658,07	233,57	131,18	96,22	3119,04
DG	0	0	0	611,33	611,33
Summe:	13373,37	926,03	1149,68	1606,36	17055,44

❑   **Analysen der Risiken (technischen Gebäudeausstattung)**

Bauteil	Bemerkung	A	B	C	Sofortmassnahmen
Sanitär	Abwasserhebeanlage			X	Sumpfpumpen in Garage und Gebäude erneuern ca. 15.000 EUR
Sanität	Trinkwasserbereiter Kantine		X		Ggf. erneuern und mit anderer Wärmequelle versorgen
Sprinkler	Sprinklerhauptleitung in Zentrale in V2A ausführen		X		
Wärmeversorgung	Atmosphärische Gaskessel		X		Energetische Analyse wird empfohlen
RLT-Anlage	Anlage A4 Zuluftventilator			X	Instandsetzung durchführen
Kälte	Kompressor 1 / Kältemaschine 1		X		Reperatur durchführen (abhänig von zukünftiger Mieterstruktur und Kältebedarf)
Kälte	allgemein		X		Energetische Analyse wird empfohlen
Bandmeldeanlage	Zentrale erneuern			X	BMA derzeit außer Betrieb ca. 125.000 EUR
Elektroakustische Anlage (ELA)	Instandsetzungsmaß-nahmen			X	ca. 5.000 EUR
Videoüberwachung/ Einbruchmeldeanlage Zutrittskontrolle	Sanierungs-/Instandsetzungsbedarf abhänig vom Mieterbedürfnis		X		derzeit außer Betrieb, Sicherheitskonzept erforderlich
Sonnenschutz-steuerung/ -antrieb	Evtl. Einzelantriebe erneuern		X		ca. 250 Motoren ca. 100.000 EUR
Aufzugsanlage	Führungsschienen im Aufzugsshacht erneuern			X	Lt. TÜV Bericht ca. 5.000 EUR
Sonstiges	Kleinmassnahmen über alle Gewerke		X		pauschal 30.000 EUR
Gesamtkosten für Sofortmaßnahmen in EUR					**180.000 EUR**

Die einzelnen Risiken werden gelistet und je nach Dringlichkeit/Bedarf mit dem entsprechenden Reperatur-/Instandsetzungsbetrag bewertet. Die Gesamtkosten reduzieren die Gesamtinvestitionskosten entsprechend.

7.2.7   Verkehrswert

In die Einschätzung des Marktwertes fließen die Analyseergebnisse der verschieden voran gegangenen Prüfungsdisziplinen ein. Der hierbei ermittelte Wert stellt in der Regel jedoch nicht den tatsächlichen Verkaufspreis dar, weil dieser zusätzlich von subjektiven Umständen wie dem Verlauf der Kaufvertragsverhandlungen beeinflusst werden kann. Ziel dieser Wertermittlung ist es einen möglichst objektiven Marktwert zu bestimmen; häufig wird aber auch mit Hilfe von Best-Case- und Worst-Case- Szenarien eine Wertspanne (siehe auch Abschnitt 4) aufgezeigt, auf deren Grundlage der Auftraggeber den Preis aushandeln oder seinen persönlichen Grenzwert absichern kann.

Methodisch basiert die Wertermittlung entweder auf den normierten nationalen Verfahren (Sachwert, Ertragswert und Vergleichswert) oder auf den internationalen Verfahren (Discounted Cashflow, Residualwert). Die Entscheidung für eine bestimmte Wertermittlungsmethode ergibt sich aus der Art des Gebäudes und aus den Erwartungen des Auftraggebers.

In der Download-Datei (siehe Vorwort) zu diesem Buch finden sich ein Berechnungsschema für der Ertragswert nach BauGB und ein Berechnungsschema für eine Wertermittlung mit Hilfe eines DCF-Verfahrens nach internationalem Standards.

7.2.8   Der Due Diligence-Report

Am Ende der Due Diligence steht die Zusammenfassung der gewonnenen Erkenntnisse in einem Bericht. Die umfangreichste Form der Berichterstattung ist der Due Diligence-Bericht oder -Report. Er umfasst alle sachdienlichen und einschlägigen quantitativen wie qualitativen Sachverhaltsbeschreibungen, Analysen und Schlussfolgerungen in nachvollziehbarer Form.

❏   **Üblicherweise ist der Report in vier Teile untergliedert:**

I. Basisdaten

- Benennung des Anlasses, der Analyseschwerpunkte und ggf. des Auftraggebers und des Auftrages
- Vorgehensweise des Bewertungsverfahrens
- Funktion des Gutachters
- Verfügbarkeit und Qualität der Ausgangsdaten

II. Berichte der Untersuchungsergebnisse für Teilbereiche der Due Diligence

- Allgemeine Informationen (allgemeine Wirtschaftslage)

- Markt- /Standortanalyse
- Rechtliche Due Diligence
- Wirtschaftliche Due Diligence
- Steuerliche Due Diligence
- Technische Due Diligence

III. Zusammenfassende Bewertung und Empfehlung

- Ergebnisse und Schlussfolgerungen
- Chancen und Risikopotentiale
- Rechnerische Wertermittlung und Kaufpreisermittlung
- Übereinstimmung der Akquisitionsziele des Auftraggebers mit der Bewertung der zu untersuchenden Immobilie
- Lösungsvorschläge und Empfehlungen

IV. Anlagen

- Letter of Intent
- Vertraulichkeitserklärung
- Auftragsbestätigung
- Vollständigkeitserklärung
- Sonstige bedeutsame Dokumente (z.B. Kaufvertrag)

Daneben haben sich in der Praxis noch einige kürzere Berichtformen wie das Due Diligence-Memorandum, der Opinion Letter oder der Minireport etabliert.

7.3 Praxisteil

7.3.1 Checklisten und Arbeitshilfen

Die hohe Komplexität der zu analysierenden Immobilie kann zu erheblichen Zeitproblemen führen. Checklisten und Arbeitsleitfäden können dieses Zeitproblem durch eine Strukturierung der Vorgehensweise reduzieren. Der Autor hat in der Download-Datei (siehe Vorwort) eine Reihe von Checklisten und Arbeitshilfen zusammengestellt, die dem Anwender in der Praxis als Vorlage dienen sollen. Das Vorgehen anhand von Checklisten hat, neben der Zeitersparnis weitere, wesentliche Vorteile:

- Sicherheit, dass keine wesentlichen Aspekte übersehen werden
- Systematik/Strukturierung der Vorgehensweise
- Hilfestellung für weniger Erfahrene /Anfänger

- Erleichterung einer übersichtlichen Darstellung

- Möglichkeit der ständigen Aktualisierung

- Aufdeckung von Mängeln

Der Aufbau der angehängten Arbeitshilfen basiert auf der folgenden Vorgehensweise: In einem ersten Schritt wird mit Hilfe einer Checkliste das notwendige Datenmaterial für die Due Diligence-Prüfung zusammengetragen. Ziel dieses Arbeitsschrittes ist neben der reinen Sammlung von Daten auch deren Überprüfung auf Vollständigkeit und deren Strukturierung.

> Zu Beginn jeder Datensammlung sollte die vorliegende Checkliste jedoch dahingehend überprüft werden, ob in ihr wirklich alle für das zu untersuchende Objekt relevanten Unterlagen aufgeführt sind. Es sollte vor allem darauf geachtet werden, dass die vorliegenden Checklisten und Arbeitshilfen nicht lediglich stupide abgearbeitet werden, sondern in Anbetracht der Besonderheiten jeder Immobilie und der unterschiedlichen Zielsetzungen einer Due Diligence angepasst, weiterentwickelt und ergänzt werden müssen.

In einem zweiten Arbeitsschritt erfolgt die Aufbereitung dieser Materialsammlung und Übertragung der relevanten Daten in das Formular „Objektdatenblatt". Die Darstellung und Dokumentation des Datenmaterials erfolgt hierbei schon unter der Zielsetzung und nach dem Schema der später folgenden qualitativen und quantitativen Auswertung. Dazu werden die gesammelten Informationen den entsprechenden Kriterien des Objektdatenblattes zugeordnet. Im Gegensatz zur späteren Bewertung sollen hier die Daten und Beschreibungen aber möglichst objektiv und wertfrei dargestellt werden. Das Objektdatenblatt ist die neutrale Ausgangsbasis, auf deren Grundlage die Bewertung erstellt und letztendlich eine Entscheidung getroffen wird.

Diese Vorgehensweise hat den Vorteil, dass die Ergebnisse der Objektanalyse von der Struktur her direkt übernommen werden können, wodurch insbesondere bei sehr komplexen Objekten eine bessere Übersichtlichkeit, erhöhte Objektivität und kürzere Bearbeitungszeiten erreicht werden kann. Nachdem die notwendigen Unterlagen und Daten zum Untersuchungsobjekt zusammengetragen und in geeigneter Form dargestellt wurden, muss nun in einem nächsten Schritt die Auswertung dieser Informationen erfolgen.

7.3.2   Auswertungsmethoden

Die Auswertung der durch die verschiedenen Teilprüfungen der Due Diligence gewonnenen Informationen, kann sowohl in qualitativer als auch in quantitativer Hinsicht erfolgen.

❏   **Qualitative Auswertung**

Eine qualitative Auswertung beurteilt die Chance und Risiken bzw. die Stärken und Schwächen einer Immobilie, ohne die Risiken betragsmäßig zu erfassen. Zur qualitativen Auswertung bieten sich besonders eine Stärken-Schwächen-Analyse und/oder eine Nutzwertanalyse bzw. ein Scoringmodell an.

Zur graphischen Darstellung der Auswertungsergebnisse können dabei unterschiedliche Formen gewählt werden. Bewährt hat sich die Spider-Web-Matrix.

❑   **Quantitative Auswertung**

Die quantitative Auswertung fokussiert im Gegensatz zur rein qualitativen Betrachtung die finanziellen Auswirkungen der Ergebnisse der Due Diligence. Diese lassen sich am Besten anhand einer Rentabilitätsanalyse auf Basis einer Discounted-Cashflow-Betrachtung (DCF-Betrachtung) darstellen. Hier besteht die Möglichkeit, die Risiken wie Mietausfall oder Sanierungsstausstau in der anfallenden Periode abzubilden und damit die Rentabilität einer Immobilie in dem angenommenen Betrachtungszeitraum (i.d.R. zehn Jahre) zu belegen. Ein weiterer Vorteil dieser Auswertungsmethode ist die Darstellung von Auswirkungen verschiedener Entwicklungen infolge von sich verändernden Parametern (Sensitivitäten).

7.3.2.1   Qualitative Auswertungsmöglichkeiten

Zentrale Instrumente der qualitativen Auswertung sind die SWOT-Analyse und die Nutzwertanalyse.

❑   **SWOT – Analyse**

Die SWOT-Analyse („Strengts-Weakness-Opportunities-Threats") ermöglicht einen kompakten Überblick über die zentralen Stärken und Schwächen sowie die potenziellen Chancen und Risiken der eigenen Immobilieninvestition und erleichtert somit auch die Vergleichbarkeit mit Alternativobjekten. Im Rahmen einer Due Diligence eignet sie sich daher insbesondere um in einem ersten Schritt die relevanten Auswertungsergebnisse in übersichtlicher Form, darzustellen.

Nachfolgend ist eine beispielhafte Aufzählung verschiedener S-W-O-T`s aufgeführt:

Stärken

- Kostensenkungspotentiale
- Alleinstellungsmerkmale (USP)
- Verkehrsanbindung
- ausreichende Parkplatzsituation
- nicht voll Ausgenutzte Baureserven
- lange Mietvertragsdauern

Schwächen

- hoher Investitionsstau
- Emissionsbelastung

- Eingeschränkte Nutzung
- vermindere Flächen- und Nutzungseffizienz
- ungünstige Nachbarschaftsbebauung
- negatives Image des Standortes
- hoher Leerstand

Chancen

- zukünftige Mietsteigerungen
- Mietvertragsverlängerungsoptionen
- Potentialsteigerung durch Flächenoptimierungen
- Standortverbesserungen
- Nutzung von Ausbaureserven
- Nachhaltige Mietertragssteigerungen
- Objekt kann sich als Vorreiter etablieren
- Erweiterung der örtlichen Vielfalt
- Gegenwärtig problembehaftet Immobilie kann Drittverwendung zugeführt werden

Risiken

- Leerstands- und Vermarktungsrisiken
- Risiken der Projektentwicklung
- steigende Emissionsbelastung
- ungewisse Nachbarschaftsbebauung und Nutzung
- zukünftige Nutzungseinschränkungen
- drohende Enteignung

Zusammenfassend können die unterschiedlichen S-W-O-T's auch in einem Diagramm (s. Seite 142) dargestellt werden. Hieraus lassen sich nicht nur alle Punkte noch mal übersichtlich darstellen, sondern auch die Doppelwirkung bestimmter Eigenschaften gut ablesen (Flughafennähe grundsätzlich positiv, allerdings Lärmbelastung).

Dabei kann das Objekt anhand eines festgelegten Kriterienkataloges dreistufig bewertet werden. Folgende Abstufungen für die Ausprägung des jeweiligen Kriteriums sind dabei sinnvoll:

- sehr geringes Risiko – sehr gut
- mittleres Risiko – befriedigend
- hohes Risiko – K.O.-Kriterium

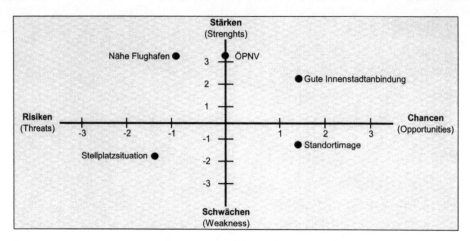

Beispielhafte Darstellung für ein fiktives Objekt.

Um eine entsprechende Objektivität bei der Beurteilung der Immobilie zu ermöglichen, sollte im Vorfeld zwingend eine Beschreibung der einzelnen Kriterienausprägungen vorgenommen werden. Anders ausgedrückt sollte vor der Durchführung der SWOT-Analyse genau verbal festgelegt werden, was bspw. unter einer sehr guten bzw. befriedigenden Lage zu verstehen ist und wann ein K.O.-Kriterium vorliegt. Nur so kann eine zweifelsfreie und genaue Einordnung der Immobilie in dieses Bewertungsschema erfolgen.

Nachdem die Beschreibung der einzelnen Kriterienausprägungen erfolgt ist, kann die Immobilie anhand der festgelegten Kriterien mit relativ geringem Aufwand in qualitativer Sicht bewertet werden. Dazu werden alle Untersuchungskriterien entsprechend ihrer Ausprägung mit einem Symbol in der jeweiligen Spalte eingeschätzt.

Die SWOT-Analyse dient oft dazu, um in einem ersten Untersuchungsschritt eine frühzeitige Einschätzung der Stärken und Schwächen der zu prüfenden Immobilieninvestition abzugeben. Die SWOT-Analyse sollte im zeitlichen Ablauf nach einer ersten Objektbesichtigung und einer Sichtung der Objektunterlagen und Erfassung der wichtigsten Informationen durchgeführt werden. Der Vorteil dieser Vorgehensweise liegt hauptsächlich darin, dass mit relativ geringem zeitlichem Aufwand im Vorfeld einer detaillierten Due Diligence Prüfung die Chancen und Risiken der Investition rechtzeitig aufgezeigt werden. Dabei kann es durchaus vorkommen, dass sich schon sehr frühzeitig K.O.-Kriterien herauskristallisieren, die eine weitere detaillierte Prüfung nicht mehr erfordern. Dies spart nicht nur Zeit, sondern auch erheblich Kosten.

Weiterhin soll die SWOT-Analyse dazu dienen problematische Untersuchungsfelder aufzuzeigen, die im Rahmen der nachfolgenden, wesentlich umfassenderen Methoden mit besonderem Augenmerk untersucht werden sollten.

Da jede Due Diligence Prüfung sehr individuell ist und die Untersuchungskriterien sich im Einzelfall wesentlich unterscheiden können, sollte die vorliegende Arbeitshilfe entsprechend der jeweiligen Zielsetzung angepasst werden.

❑   **Nutzenwertanalyse**

Die Nutzwertanalyse basiert grundsätzlich auf dem gleichen Kriterienkatalog wie die SWOT-Analyse. Sie ist jedoch wesentlich detaillierter und ordnet den einzelnen Bewertungskriterien sowohl einen Zielerreichungsgrad als auch eine Gewichtung zu.

Die Zielerreichung für die zur Operationalisierung der Oberziele formulierten Zwischen- und Unterziele wird in Punkten (Noten für den Zielerreichungsgrad) bewertet um unter Berücksichtigung der jeweiligen Zielgewichte eine Gesamtpunktzahl ermitteln zu können. Diese Gesamtpunktzahl ermöglicht die Vergleichbarkeit der einzelnen alternativen Objekte. Grundlage bzw. Vergleichswerte für die Ausprägung der Ziele können seien unternehmenseigene Vorgaben, Vorgaben des Investors, Branchenbenchmarks wie der DIX (Deutscher Immobilien Index) oder die DID (Deutsche Immobilen Datenbank), aber auch Publikationen renommierter Unternehmen wie der Immobilien Oscar von Jones Lang Lasalle für Betriebskosten oder Kemper's Immobilien Atlas für den Einzelhandel.

Für eine ausführliche Untersuchung ist es aber sinnvoll, je Prüfungsgebiet mehrere Beurteilungskriterien festzulegen. Dabei ist jedoch darauf zu achten, dass eine gewisse Übersichtlichkeit erhalten bleibt. Prinzipiell ist darauf hinzuweisen, dass einige Werte auf subjektiven Einschätzungen des Bewerters beruhen und nur eingeschränkt durch Zahlen oder Fakten zu belegen sind.

Im Anhang zu diesem Buch befindet sich ein Detailanalyseblatt und ein Bewertungsbogen Objekterfassungs- und Beurteilungsbogen, der sich am Aufbau der Due Diligence und dort definierten Prüfungsgebieten orientiert, wobei diese jeweils eigenständig analysiert und für eine getrennte Auswertung als Kriterien in eine Nutzwertanalyse übernommen werden können.

7.3.2.2   Quantitativ Auswertungsmöglichkeiten

Bei der quantitativen Auswertung der Due Diligence, liegt der Schwerpunkt nicht nur auf der Identifizierung der Chancen und Risiken einer Immobilieninvestition, sondern auch in der direkten Einpreisung. Dies erfolgt am besten mit Hilfe einer DCF- Betrachtung, in der die einzelnen Risiken periodengerecht berücksichtigt werden können. Diese Einpreisung der Risiken erfordert von den Mitgliedern des Due Diligence Teams eine große Fachkenntnis und Erfahrung. Zweck der quantitativen Auswertung in Form einer Cashflow-Analyse ist die Bestimmung der absoluten Vorteilhaftigkeit einer Immobilieninvestition.

Eine Investition ist dann wirtschaftlich sinnvoll, wenn die Kapitalrückflüsse die Finanzierung des Projektes sowie eine angemessene Rendite gewährleisten. Das Investitionsrisiko resultiert aus dem Ergebnis falscher Ertragserwartungen und Kostenschätzungen. Aber auch veränderte Kapitalmarktkonditionen und konjunkturelle Einflüsse können zu einer Verstärkung beitragen. Eine Minderung des Risikos kann durch Kostenberechnungen und Cashflow-Berechnungen für verschiedene Szenarien gemindert werden. Dies geschieht durch die Veränderung einzelner dynamischer Parameter im Rahmen einer Sensitivitätsbetrachtung. In den beigefügten Arbeitshilfen „DCF-Bewertung und Renditebetrachtung" wurden folgende Parameter berücksichtigt: Diskontierungszinssatz, Nettoanfangsrendite für den Verkauf, Kalkulierte Mietsteigerung, Inflation auf laufende Kosten, Erwerbsnebenkosten und Verwaltungskosten. Diese Werte können nach Anforderung und Erwartung des Investors angepasst werden.

Als Betrachtungszeitraum wird dabei meist ein Zeitraum von zehn Jahren gewählt, da dies der größte Zeitraum ist, der wirtschaftlich überschaubar ist.

Die Ermittlung der erzielbaren Rendite basiert auf dem Marktwert des Objektes. Sie setzt sich aus den Cashflows und dem erwarteten Veräußerungserlös zusammen. Über bestehende Mietverträge, Mietprognosen und die anhand des Immobilienlebenszyklusses absehbaren Kostenentwicklungen können die Cashflows ermittelt werden.

Da Baukosten verursacht durch Modernisierungen oder Umbaumaßnahmen nach den Anschaffungskosten häufig den größten Kostenblock einer Wirtschaftlichkeitsberechnung darstellen, ist es besonders wichtig, diese in die quantitative Betrachtung mit einzubeziehen. Die Wahrscheinlichkeit der Rendite ist maßgebend für die Risikobeurteilung. Mietausfälle müssen jederzeit verkraftbar sein um Liquiditätsanforderungen jederzeit erfüllen zu können.

❑   **Beispiel einer Wirtschaftlichkeitsberechnung**

Folgendes Szenario unterstellt für eine fiktive Immobilie eine sukzessive Vermietung des Objektes über 5 Jahre samt Verkauf nach 8 Jahren zum 12 fachen der Jahresmiete.

Vom Kaufpreis wurde ein Modernisierungsbedarf von 500 T€ abgezogen, rund 900 T€ der Modernisierungskosten werden durch den Investor getragen. Die Vermietung der Restflächen wurde mit einem Mietansatz von durchschnittlich 8 €/m² angesetzt. Für die Vermietung werden pro Jahr 2.000 qm prognostiziert, wobei die Vermietung durch externe Makler erfolgt, die 3 Monatsmieten erhalten.

Bei einem angenommenen EK Anteil von 1,9 Mio. € ergibt sich unter den o.g. Parametern ein EK Rendite von ca. 24,5 % vor Steuern.

Immobilienerwerb	Betrag		
Immobilienkaufpreis ohne Erwerbsnebenkosten exkl. Courtage	6.450.000 €	3,5%	96,37%
Grunderwerbsteuer	219.175 €	1,5%	
Notar	93.932 €		
Gesamtkosten des Immobilienerwerbs	6.763.107 €		100,00%
Fertigstellung			
Immobilienvermittlung 3,0 % auf Invest	193.500 €	0,42	
		0,00	
Liquiditätsreserve für Fassade gem. DD	580.000 €	1,26	31,96%
Liquiditätsreserve für Modernisierungen gem. DD	2.163.393 €	4,70	
Investitionssumme	9.700.000 €	21,09	143,43%
Finanzierung			
Eigenkapital	1.900.000 €	19,59%	
Darlehen brutto	7.800.000 €	80%	80,41%
Finanzierungsvolumen gesamt	9.700.000 €		

Prognoserechnung der laufenden Ein-/Ausgaben Liquiditätsergebnis	Jahr 1	Jahr 2	Jahr 3	Jahr 4	Jahr 5	Jahr 6	Jahr 7	Jahr 8	Exit Ansatz Faktor 12
Mieteinnahmen p.a. bereinigt um derzeit n.u. NK und Vermietungsprovision	480.000 €	654.000 €	820.000 €	1.142.000 €	1.364.000 €	1.628.000 €	1.674.000 €	1.688.280 €	20.259.360 €
Verwaltungskosten 7 % von Mietein. Prognose	5,00	23.000 €	32.700 €	44.300 €	57.100 €	80.200 €	81.300 €	82.700 €	94.414 €
Mietausfall 4 % von Mietein. Prognose	4,00	18.400 €	26.160 €	35.840 €	45.680 €	55.360 €	66.040 €	66.960 €	67.531 €
Instandhaltungskosten 8,00 der Miete p.a.	8,00	36.800 €	52.320 €	71.660 €	91.360 €	110.720 €	130.080 €	133.920 €	135.062 €
Modernisierungsmaßnahmen	500.000 €	500.000 €	402.006 €						
Zinsen 4,00 %	4,00	312.000 €	302.640 €	293.280 €	283.920 €	274.560 €	265.200 €	255.840 €	246.480 €
Tilgung des Darlehens 3%	3,00	234.000 €	234.000 €	234.000 €	234.000 €	234.000 €	234.000 €	234.000 €	234.000 €
Stand Darlehen	7.566.000 €	7.332.000 €	7.098.000 €	6.864.000 €	6.630.000 €	6.396.000 €	6.162.000 €	5.928.000 €	
Nebenkosten nicht umlagefähig gesch. 1,1 % der Miete	4.600 €	6.540 €	8.960 €	11.420 €	13.640 €	16.280 €	16.740 €	16.883 €	5.028.000 €
Steuerberatung/Rechtsberatung 0,4% vom EK	7.600 €	7.600 €	7.600 €	7.600 €	7.600 €	7.600 €	7.600 €	7.600 €	
Geschäftsführung Fonds / Gesellschafterverwaltung / Haftungsvergütung pauschal	60.000 €	60.000 €	60.000 €	60.000 €	60.000 €	60.000 €	60.000 €	60.000 €	
Transaktionskosten (Makler, etc.) gesch. 3,00									607.781 €
Auszahlung EK									1.900.000 €
Ausgaben	1.196.400 €	1.221.960 €	1.158.160 €	791.080 €	825.280 €	859.480 €	858.760 €	851.970 €	8.435.781 €
Einnahmen-Überschuss in €	-716.400 €	-567.960 €	-282.160 €	350.920 €	558.720 €	766.520 €	815.240 €	836.310 €	11.823.579 €
Einnahmen-Überschuss von EK in %	-39,76%	-29,89%	-13,80%	18,47%	29,41%	40,34%	42,91%	44,02%	
Ausschüttung in € vor Steuer	190.000 €	190.000 €	190.000 €	190.000 €	190.000 €	190.000 €	190.000 €	190.000 €	
Ausschüttung in % vor Steuer	10,00	10,00	10,00	10,00	10,00	10,00	10,00	10,00	10,00
Liquiditätsüberschuss aus Miete	-926.400 €	-757.960 €	-452.160 €	160.920 €	368.720 €	576.520 €	625.240 €	646.310 €	
Auflösung Liquiditätsreserve 1/ FK-Beschaffung	-580.000 €	-500.000 €	-402.000 €						
Liquiditätsüberschuss zzgl. der Liquiditätsreserve	1.236.993 €	503.773 €	61.690 €	223.842 €	597.039 €	1.185.500 €	1.834.450 €	2.517.449 €	2.567.797 €
Zinseinnahmen aus Liquidität 2%	24.740 €	10.075 €	1.234 €	4.477 €	11.941 €	23.710 €	36.689 €	50.349 €	
Ergebnisanteil in Summe									14.391.377 €
Gewinnanteil EK abzgl. Liquiditätsreserve 50%									13.154.383 €
Gewinnanteil EK									7.195.688 €
Gewinnanteil EK % auf das Eigenkapital 50%									379%
Gewinnanteil Initiator									7.195.688 €

Verkaufsfaktor : /:-fache der Jahresmiete 24,56% 12

Interner Zinsfuß aus Nachsteuer-Betrachtung 24,56%

Vereinfachte Nachsteuer-Betrachtung

		Jahr 1	Jahr 2	Jahr 3	Jahr 4	Jahr 5	Jahr 6	Jahr 7	Jahr 8	Exit
Ausschüttung		190.000 €	190.000 €	190.000 €	190.000 €	190.000 €	190.000 €	190.000 €	190.000 €	9.095.688 €
Summe Ausschüttung (Laufend und Exit) vor Steuer		190.000 €	190.000 €	190.000 €	190.000 €	190.000 €	190.000 €	190.000 €	190.000 €	9.095.688 €
abzgl. Steuer auf Summe -28%		-53.200 €	-53.200 €	-53.200 €	-53.200 €	-53.200 €	-53.200 €	-53.200 €	-53.200 €	-2.546.793 €
SUMME Ausschüttung nach Steuer	-1.900.000 €	136.800 €	136.800 €	136.800 €	136.800 €	136.800 €	136.800 €	136.800 €	136.800 €	6.548.896 €

Entspricht Rendite auf EK nach Steuern 19,08%

Legende: Kosten / Rückstellungen / Zinsen

7.3.2.3   Grafische Auswertungsmöglichkeiten

Die Aufbereitung der Ergebnisse einer Due Diligence kann auch in Form einer Grafik erfolgen. Als besonders geeignet für grafische Darstellung des Ergebnisses der Nutzwert-Analyse hat sich dabei die Spider-Web Matrix erwiesen. Ähnlich wie bei der klassischen Portfolio- oder BCG-Matrix wird auch in einem Spider-Web Diagramm der Zielerreichungsgrad bzw. die gewichtete Punktzahl für jedes einzelne Kriterium auf einer Achse abgetragen. Da diese Achsen aber sternförmig um den Null-Punkt angeordnet sind, können deutlich mehr als nur zwei Achsen-Dimensionen in einer solchen Grafik abgebildet werden. So erhält man auf einen Blick einen wesentlich differenzierteren Eindruck über die Stärken und Schwächen einer Immobilie, als dies bei der üblichen Portfolio-Matrix-Darstellung möglich ist. Bei Spider-Web Diagrammen entfällt somit die ansonsten erforderliche Zusammenführung mehrerer verschiedener Faktorengruppen. Der damit verbundene Verlust an Informationen wird verhindert und ermöglicht eine bessere Herausstellung einzelner Chancen und Risiken einer Immobilie.

Als nachteilig könnte jedoch empfunden werden, dass die Anzahl der Objekte, die in einem solchen Diagramm darstellbar sind, begrenzt ist. Sollen mehr als drei Objekte verglichen werden, bietet es sich daher an, für jede Immobilie ein eigenes Spider-Web Diagramm zu erstellen und diese dann nebeneinander anzuordnen. So bleibt die Übersichtlichkeit erhalten und trotzdem sind alle Objekte gut im Blickfeld.

❑   **Darstellung der Zielerreichung**

In dem folgenden Diagramm wird dargestellt, in wie weit das untersuchte Objekt die Mindestanforderungen erfüllt bzw. wie gut die jeweilige Zielerreichung ist. Es kann sowohl bei

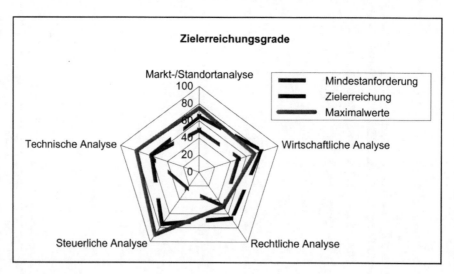

Vergleich der Mindestanforderungen, der tatsächlichen Zielerreichungsgrade und der Maximalwerte für ein Beispiel bezüglich der 5 aufgeführten Kriterien (gewichtet)

einer anstehenden Kaufentscheidung als auch zur Beurteilung einer Bestandsimmobilie eingesetzt werden.

Stellt sich heraus, dass eine Bestandsimmobilie bei einer Due Diligence im Rahmen des Portfolio Managements die Mindestanforderungen unterschreitet, deutet dies auf konkreten Handlungsbedarf hin. Die Handlungsalternativen sind in diesem Fall entweder die Entwicklung der Immobilie oder der Verkauf, falls die Probleme z.B. eher im wirtschaftlichen und steuerlichen Umfeld der Immobilie liegen.

❑   **Vergleich einer Immobilie mit dem Portfoliodurchschnitt**

Sehr aufschlussreich kann auch der graphische Vergleich einer Immobilie mit dem Portfoliodurchschnitt sein, da sich aus dieser Darstellung die Auswirkungen auf das Gesamtportfolio gut abschätzen lassen. Liegen die Zielerreichungsgrade der betrachteten Immobilie über dem Portfoliodurchschnitt, sind positive Einflüsse auf das Portfolio zu erwarten.

Liegen sie dagegen unterhalb des Portfoliodurchschnitts, lässt das einen konkreten Handlungsbedarf schließen: Soll die bewertete Immobilie neu erworben werden, ist von einem Kauf eher abzuraten; handelt es sich um eine Bestandsimmobilie, sollte der Verkauf oder eine Entwicklung in Betracht gezogen werden. Die grafische Darstellung entspricht weitgehend der obigen Abbildung, wobei anstelle der Mindestanforderungen die Werte des Portfoliodurchschnitts anzusetzen sind.

❑   **Vergleich mehrer Immobilien bei Kauf- bzw. Verkaufsentscheidungen**

Eine weitere Anwendungsmöglichkeit von Spider-Web Diagrammen ist der direkte Vergleich zweier oder mehrerer Immobilien anlässlich einer Kaufentscheidung. Hierzu wurden Zielerreichungsgrade für drei alternative Objekte fiktiv festgelegt.

	Objekt 1	Objekt 2	Objekt 3
Markt-/Standortanalyse	50	66	75
Wirtschaftliche Analyse	50	79	70
Rechtliche Analyse	50	66	50
Steuerliche Analyse	25	75	90
Technische Analyse	90	61	80

Aus diesen Werten lässt sich folgendes Diagramm erstellen:

❑   **Vergleich der ungewichteten Zielerreichungsgrade für drei Objekte**

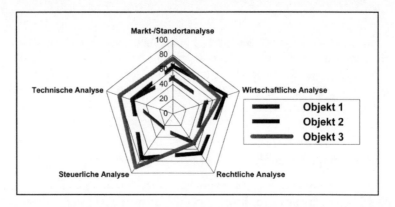

Auch für diesen Fall ist die Vorteilhaftigkeit des Spider-Web Diagramms offenkundig; es lässt nicht nur eine differenziertere Betrachtung mehrerer Dimensionen zu, sondern es sind die Stärken und Schwächen für jedes Objekt auf einen Blick erkennbar.

8 Mathematischer Anhang

❑ **AuF – Aufzinsungsfaktor**

$(1+i)^n$							
n / i	**3,0%**	**3,5%**	**4,0%**	**4,5%**	**5,0%**	**5,5%**	**6,0%**	**6,5%**
1	1,030000	1,035000	1,040000	1,045000	1,050000	1,055000	1,060000	1,065000
2	1,060900	1,071225	1,081600	1,092025	1,102500	1,113025	1,123600	1,134225
3	1,092727	1,108718	1,124864	1,141166	1,157625	1,174241	1,191016	1,207950
4	1,125509	1,147523	1,169859	1,192519	1,215506	1,238825	1,262477	1,286466
5	1,159274	1,187686	1,216653	1,246182	1,276282	1,306960	1,338226	1,370087
6	1,194052	1,229255	1,265319	1,302260	1,340096	1,378843	1,418519	1,459142
7	1,229874	1,272279	1,315932	1,360862	1,407100	1,454679	1,503630	1,553987
8	1,266770	1,316809	1,368569	1,422101	1,477455	1,534687	1,593848	1,654996
9	1,304773	1,362897	1,423312	1,486095	1,551328	1,619094	1,689479	1,762570
10	1,343916	1,410599	1,480244	1,552969	1,628895	1,708144	1,790848	1,877137
11	1,384234	1,459970	1,539454	1,622853	1,710339	1,802092	1,898299	1,999151
12	1,425761	1,511069	1,601032	1,695881	1,795856	1,901207	2,012196	2,129096
13	1,468534	1,563956	1,665074	1,772196	1,885649	2,005774	2,132928	2,267487
14	1,512590	1,618695	1,731676	1,851945	1,979932	2,116091	2,260904	2,414874
15	1,557967	1,675349	1,800944	1,935282	2,078928	2,232476	2,396558	2,571841
16	1,604706	1,733986	1,872981	2,022370	2,182875	2,355263	2,540352	2,739011
17	1,652848	1,794676	1,947900	2,113377	2,292018	2,484802	2,692773	2,917046
18	1,702433	1,857489	2,025817	2,208479	2,406619	2,621466	2,854339	3,106654
19	1,753506	1,922501	2,106849	2,307860	2,526950	2,765647	3,025600	3,308587
20	1,806111	1,989789	2,191123	2,411714	2,653298	2,917757	3,207135	3,523645
21	1,860295	2,059431	2,278768	2,520241	2,785963	3,078234	3,399564	3,752682
22	1,916103	2,131512	2,369919	2,633662	2,925261	3,247537	3,603537	3,996606
23	1,973587	2,206114	2,464716	2,752166	3,071524	3,426152	3,819750	4,256386
24	2,032794	2,283328	2,563304	2,876014	3,225100	3,614590	4,048935	4,533051
25	2,093778	2,363245	2,665836	3,005434	3,386355	3,813392	4,291871	4,827699
26	2,156591	2,445959	2,772470	3,140679	3,555673	4,023129	4,549383	5,141500
27	2,221289	2,531567	2,883369	3,282010	3,733456	4,244401	4,822346	5,475697
28	2,287928	2,620172	2,998703	3,429700	3,920129	4,477843	5,111687	5,831617
29	2,356566	2,711878	3,118651	3,584036	4,116136	4,724124	5,418388	6,210672
30	2,427262	2,806794	3,243398	3,745318	4,321942	4,983951	5,743491	6,614366
31	2,500080	2,905031	3,373133	3,913857	4,538039	5,258069	6,088101	7,044300
32	2,575083	3,006708	3,508059	4,089981	4,764941	5,547262	6,453387	7,502179
33	2,652335	3,111942	3,648381	4,274030	5,003189	5,852362	6,840590	7,989821
34	2,731905	3,220860	3,794316	4,466362	5,253348	6,174242	7,251025	8,509159
35	2,813862	3,333590	3,946089	4,667348	5,516015	6,513825	7,686087	9,062255
36	2,898278	3,450266	4,103933	4,877378	5,791816	6,872085	8,147252	9,651301
37	2,985227	3,571025	4,268090	5,096860	6,081407	7,250050	8,636087	10,278636
38	3,074783	3,696011	4,438813	5,326219	6,385477	7,648803	9,154252	10,946747
39	3,167027	3,825372	4,616366	5,565899	6,704751	8,069487	9,703507	11,658286
40	3,262038	3,959260	4,801021	5,816365	7,039989	8,513309	10,285718	12,416075
41	3,359899	4,097834	4,993061	6,078101	7,391988	8,981541	10,902861	13,223119
42	3,460696	4,241258	5,192784	6,351615	7,761588	9,475525	11,557033	14,082622
43	3,564517	4,389702	5,400495	6,637438	8,149667	9,996679	12,250455	14,997993
44	3,671452	4,543342	5,616515	6,936123	8,557150	10,546497	12,985482	15,972862
45	3,781596	4,702359	5,841176	7,248248	8,985008	11,126554	13,764611	17,011098
46	3,895044	4,866941	6,074823	7,574420	9,434258	11,738515	14,590487	18,116820
47	4,011895	5,037284	6,317816	7,915268	9,905971	12,384133	15,465917	19,294413
48	4,132252	5,213589	6,570528	8,271456	10,401270	13,065260	16,393872	20,548550
49	4,256219	5,396065	6,833349	8,643671	10,921333	13,783849	17,377504	21,884205
50	4,383906	5,584927	7,106683	9,032636	11,467400	14,541961	18,420154	23,306679

(1+i)^n								
n / i	7,0%	7,5%	8,0%	8,5%	9,0%	10,0%	13,0%	16,0%
1	1,070000	1,075000	1,080000	1,085000	1,090000	1,100000	1,130000	1,160000
2	1,144900	1,155625	1,166400	1,177225	1,188100	1,210000	1,276900	1,345600
3	1,225043	1,242297	1,259712	1,277289	1,295029	1,331000	1,442897	1,560896
4	1,310796	1,335469	1,360489	1,385859	1,411582	1,464100	1,630474	1,810639
5	1,402552	1,435629	1,469328	1,503657	1,538624	1,610510	1,842435	2,100342
6	1,500730	1,543302	1,586874	1,631468	1,677100	1,771561	2,081952	2,436396
7	1,605781	1,659049	1,713824	1,770142	1,828039	1,948717	2,352605	2,826220
8	1,718186	1,783478	1,850930	1,920604	1,992563	2,143589	2,658444	3,278415
9	1,838459	1,917239	1,999005	2,083856	2,171893	2,357948	3,004042	3,802961
10	1,967151	2,061032	2,158925	2,260983	2,367364	2,593742	3,394567	4,411435
11	2,104852	2,215609	2,331639	2,453167	2,580426	2,853117	3,835861	5,117265
12	2,252192	2,381780	2,518170	2,661686	2,812665	3,138428	4,334523	5,936027
13	2,409845	2,560413	2,719624	2,887930	3,065805	3,452271	4,898011	6,885791
14	2,578534	2,752444	2,937194	3,133404	3,341727	3,797498	5,534753	7,987518
15	2,759032	2,958877	3,172169	3,399743	3,642482	4,177248	6,254270	9,265521
16	2,952164	3,180793	3,425943	3,688721	3,970306	4,594973	7,067326	10,748004
17	3,158815	3,419353	3,700018	4,002262	4,327633	5,054470	7,986078	12,467685
18	3,379932	3,675804	3,996019	4,342455	4,717120	5,559917	9,024268	14,462514
19	3,616528	3,951489	4,315701	4,711563	5,141661	6,115909	10,197423	16,776517
20	3,869684	4,247851	4,660957	5,112046	5,604411	6,727500	11,523088	19,460759
21	4,140562	4,566440	5,033834	5,546570	6,108808	7,400250	13,021089	22,574481
22	4,430402	4,908923	5,436540	6,018028	6,658600	8,140275	14,713831	26,186398
23	4,740530	5,277092	5,871464	6,529561	7,257874	8,954302	16,626629	30,376222
24	5,072367	5,672874	6,341181	7,084574	7,911083	9,849733	18,788091	35,236417
25	5,427433	6,098340	6,848475	7,686762	8,623081	10,834706	21,230542	40,874244
26	5,807353	6,555715	7,396353	8,340137	9,399158	11,918177	23,990513	47,414123
27	6,213868	7,047394	7,988061	9,049049	10,245082	13,109994	27,109279	55,000382
28	6,648838	7,575948	8,627106	9,818218	11,167140	14,420994	30,633486	63,800444
29	7,114257	8,144144	9,317275	10,652766	12,172182	15,863093	34,615839	74,008515
30	7,612255	8,754955	10,062657	11,558252	13,267678	17,449402	39,115898	85,849877
31	8,145113	9,411577	10,867669	12,540703	14,461770	19,194342	44,200965	99,585857
32	8,715271	10,117445	11,737083	13,606663	15,763329	21,113777	49,947900	115,519594
33	9,325340	10,876253	12,676050	14,763229	17,182028	23,225154	56,440212	134,002729
34	9,978114	11,691972	13,690134	16,018104	18,728411	25,547670	63,777439	155,443166
35	10,676581	12,568870	14,785344	17,379642	20,413968	28,102437	72,068506	180,314073
36	11,423942	13,511536	15,968172	18,856912	22,251225	30,912681	81,437402	209,164324
37	12,223618	14,524901	17,245626	20,459750	24,253835	34,003949	92,024276	242,630616
38	13,079271	15,614268	18,625276	22,198828	26,436680	37,404343	103,987432	281,451515
39	13,994820	16,785339	20,115298	24,085729	28,815982	41,144778	117,505798	326,483757
40	14,974458	18,044239	21,724521	26,133016	31,409420	45,259256	132,781552	378,721158
41	16,022670	19,397557	23,462483	28,354322	34,236268	49,785181	150,043153	439,316544
42	17,144257	20,852374	25,339482	30,764439	37,317532	54,763699	169,548763	509,607191
43	18,344355	22,416302	27,366640	33,379417	40,676110	60,240069	191,590103	591,144341
44	19,628460	24,097524	29,555972	36,216667	44,336960	66,264076	216,496816	685,727436
45	21,002452	25,904839	31,920449	39,295084	48,327286	72,890484	244,641402	795,443826
46	22,472623	27,847702	34,474085	42,635166	52,676742	80,179532	276,444784	922,714838
47	24,045707	29,936279	37,232012	46,259155	57,417649	88,197485	312,382606	1070,349212
48	25,728907	32,181500	40,210573	50,191183	62,585237	97,017234	352,992345	1241,605086
49	27,529930	34,595113	43,427419	54,457434	68,217908	106,718957	398,881350	1440,261900
50	29,457025	37,189746	46,901613	59,086316	74,357520	117,390853	450,735925	1670,703804

❑ **AbF – Abzinsungsfaktor/Diskontierungsfaktor**

	$(1+i)^{-n}$							
n / i	3,0%	3,5%	4,0%	4,5%	5,0%	5,5%	6,0%	6,5%
1	0,970874	0,966184	0,961538	0,956938	0,952381	0,947867	0,943396	0,938967
2	0,942596	0,933511	0,924556	0,915730	0,907029	0,898452	0,889996	0,881659
3	0,915142	0,901943	0,888996	0,876297	0,863838	0,851614	0,839619	0,827849
4	0,888487	0,871442	0,854804	0,838561	0,822702	0,807217	0,792094	0,777323
5	0,862609	0,841973	0,821927	0,802451	0,783526	0,765134	0,747258	0,729881
6	0,837484	0,813501	0,790315	0,767896	0,746215	0,725246	0,704961	0,685334
7	0,813092	0,785991	0,759918	0,734828	0,710681	0,687437	0,665057	0,643506
8	0,789409	0,759412	0,730690	0,703185	0,676839	0,651599	0,627412	0,604231
9	0,766417	0,733731	0,702587	0,672904	0,644609	0,617629	0,591898	0,567353
10	0,744094	0,708919	0,675564	0,643928	0,613913	0,585431	0,558395	0,532726
11	0,722421	0,684946	0,649581	0,616199	0,584679	0,554911	0,526788	0,500212
12	0,701380	0,661783	0,624597	0,589664	0,556837	0,525982	0,496969	0,469683
13	0,680951	0,639404	0,600574	0,564272	0,530321	0,498561	0,468839	0,441017
14	0,661118	0,617782	0,577475	0,539973	0,505068	0,472569	0,442301	0,414100
15	0,641862	0,596891	0,555265	0,516720	0,481017	0,447933	0,417265	0,388827
16	0,623167	0,576706	0,533908	0,494469	0,458112	0,424581	0,393646	0,365095
17	0,605016	0,557204	0,513373	0,473176	0,436297	0,402447	0,371364	0,342813
18	0,587395	0,538361	0,493628	0,452800	0,415521	0,381466	0,350344	0,321890
19	0,570286	0,520156	0,474642	0,433302	0,395734	0,361579	0,330513	0,302244
20	0,553676	0,502566	0,456387	0,414643	0,376889	0,342729	0,311805	0,283797
21	0,537549	0,485571	0,438834	0,396787	0,358942	0,324862	0,294155	0,266476
22	0,521893	0,469151	0,421955	0,379701	0,341850	0,307926	0,277505	0,250212
23	0,506692	0,453286	0,405726	0,363350	0,325571	0,291873	0,261797	0,234941
24	0,491934	0,437957	0,390121	0,347703	0,310068	0,276657	0,246979	0,220602
25	0,477606	0,423147	0,375117	0,332731	0,295303	0,262234	0,232999	0,207138
26	0,463695	0,408838	0,360689	0,318402	0,281241	0,248563	0,219810	0,194496
27	0,450189	0,395012	0,346817	0,304691	0,267848	0,235605	0,207368	0,182625
28	0,437077	0,381654	0,333477	0,291571	0,255094	0,223322	0,195630	0,171479
29	0,424346	0,368748	0,320651	0,279015	0,242946	0,211679	0,184557	0,161013
30	0,411987	0,356278	0,308319	0,267000	0,231377	0,200644	0,174110	0,151186
31	0,399987	0,344230	0,296460	0,255502	0,220359	0,190184	0,164255	0,141959
32	0,388337	0,332590	0,285058	0,244500	0,209866	0,180269	0,154957	0,133295
33	0,377026	0,321343	0,274094	0,233971	0,199873	0,170871	0,146186	0,125159
34	0,366045	0,310476	0,263552	0,223896	0,190355	0,161963	0,137912	0,117520
35	0,355383	0,299977	0,253415	0,214254	0,181290	0,153520	0,130105	0,110348
36	0,345032	0,289833	0,243669	0,205028	0,172657	0,145516	0,122741	0,103613
37	0,334983	0,280032	0,234297	0,196199	0,164436	0,137930	0,115793	0,097289
38	0,325226	0,270562	0,225285	0,187750	0,156605	0,130739	0,109239	0,091351
39	0,315754	0,261413	0,216621	0,179665	0,149148	0,123924	0,103056	0,085776
40	0,306557	0,252572	0,208289	0,171929	0,142046	0,117463	0,097222	0,080541
41	0,297628	0,244031	0,200278	0,164525	0,135282	0,111339	0,091719	0,075625
42	0,288959	0,235779	0,192575	0,157440	0,128840	0,105535	0,086527	0,071010
43	0,280543	0,227806	0,185168	0,150661	0,122704	0,100033	0,081630	0,066676
44	0,272372	0,220102	0,178046	0,144173	0,116861	0,094818	0,077009	0,062606
45	0,264439	0,212659	0,171198	0,137964	0,111297	0,089875	0,072650	0,058785
46	0,256737	0,205468	0,164614	0,132023	0,105997	0,085190	0,068538	0,055197
47	0,249259	0,198520	0,158283	0,126338	0,100949	0,080748	0,064658	0,051828
48	0,241999	0,191806	0,152195	0,120898	0,096142	0,076539	0,060998	0,048665
49	0,234950	0,185320	0,146341	0,115692	0,091564	0,072549	0,057546	0,045695
50	0,228107	0,179053	0,140713	0,110710	0,087204	0,068767	0,054288	0,042906

$(1+i)^{-n}$							
n / i	7,0%	7,5%	8,0%	8,5%	9,0%	10,0%	13,0%	16,0%

n / i	7,0%	7,5%	8,0%	8,5%	9,0%	10,0%	13,0%	16,0%
1	0,934579	0,930233	0,925926	0,921659	0,917431	0,909091	0,884956	0,862069
2	0,873439	0,865333	0,857339	0,849455	0,841680	0,826446	0,783147	0,743163
3	0,816298	0,804961	0,793832	0,782908	0,772183	0,751315	0,693050	0,640658
4	0,762895	0,748801	0,735030	0,721574	0,708425	0,683013	0,613319	0,552291
5	0,712986	0,696559	0,680583	0,665045	0,649931	0,620921	0,542760	0,476113
6	0,666342	0,647962	0,630170	0,612945	0,596267	0,564474	0,480319	0,410442
7	0,622750	0,602755	0,583490	0,564926	0,547034	0,513158	0,425061	0,353830
8	0,582009	0,560702	0,540269	0,520669	0,501866	0,466507	0,376160	0,305025
9	0,543934	0,521583	0,500249	0,479880	0,460428	0,424098	0,332885	0,262953
10	0,508349	0,485194	0,463193	0,442285	0,422411	0,385543	0,294588	0,226684
11	0,475093	0,451343	0,428883	0,407636	0,387533	0,350494	0,260698	0,195417
12	0,444012	0,419854	0,397114	0,375702	0,355535	0,318631	0,230706	0,168463
13	0,414964	0,390562	0,367698	0,346269	0,326179	0,289664	0,204165	0,145227
14	0,387817	0,363313	0,340461	0,319142	0,299246	0,263331	0,180677	0,125195
15	0,362446	0,337966	0,315242	0,294140	0,274538	0,239392	0,159891	0,107927
16	0,338735	0,314387	0,291890	0,271097	0,251870	0,217629	0,141496	0,093041
17	0,316574	0,292453	0,270269	0,249859	0,231073	0,197845	0,125218	0,080207
18	0,295864	0,272049	0,250249	0,230285	0,211994	0,179859	0,110812	0,069144
19	0,276508	0,253069	0,231712	0,212244	0,194490	0,163508	0,098064	0,059607
20	0,258419	0,235413	0,214548	0,195616	0,178431	0,148644	0,086782	0,051385
21	0,241513	0,218989	0,198656	0,180292	0,163698	0,135131	0,076798	0,044298
22	0,225713	0,203711	0,183941	0,166167	0,150182	0,122846	0,067963	0,038188
23	0,210947	0,189498	0,170315	0,153150	0,137781	0,111678	0,060144	0,032920
24	0,197147	0,176277	0,157699	0,141152	0,126405	0,101526	0,053225	0,028380
25	0,184249	0,163979	0,146018	0,130094	0,115968	0,092296	0,047102	0,024465
26	0,172195	0,152539	0,135202	0,119902	0,106393	0,083905	0,041683	0,021091
27	0,160930	0,141896	0,125187	0,110509	0,097608	0,076278	0,036888	0,018182
28	0,150402	0,131997	0,115914	0,101851	0,089548	0,069343	0,032644	0,015674
29	0,140563	0,122788	0,107328	0,093872	0,082155	0,063039	0,028889	0,013512
30	0,131367	0,114221	0,099377	0,086518	0,075371	0,057309	0,025565	0,011648
31	0,122773	0,106252	0,092016	0,079740	0,069148	0,052099	0,022624	0,010042
32	0,114741	0,098839	0,085200	0,073493	0,063438	0,047362	0,020021	0,008657
33	0,107235	0,091943	0,078889	0,067736	0,058200	0,043057	0,017718	0,007463
34	0,100219	0,085529	0,073045	0,062429	0,053395	0,039143	0,015680	0,006433
35	0,093663	0,079562	0,067635	0,057539	0,048986	0,035584	0,013876	0,005546
36	0,087535	0,074011	0,062625	0,053031	0,044941	0,032349	0,012279	0,004781
37	0,081809	0,068847	0,057986	0,048876	0,041231	0,029408	0,010867	0,004121
38	0,076457	0,064044	0,053690	0,045047	0,037826	0,026735	0,009617	0,003553
39	0,071455	0,059576	0,049713	0,041518	0,034703	0,024304	0,008510	0,003063
40	0,066780	0,055419	0,046031	0,038266	0,031838	0,022095	0,007531	0,002640
41	0,062412	0,051553	0,042621	0,035268	0,029209	0,020086	0,006665	0,002276
42	0,058329	0,047956	0,039464	0,032505	0,026797	0,018260	0,005898	0,001962
43	0,054513	0,044610	0,036541	0,029959	0,024584	0,016600	0,005219	0,001692
44	0,050946	0,041498	0,033834	0,027612	0,022555	0,015091	0,004619	0,001458
45	0,047613	0,038603	0,031328	0,025448	0,020692	0,013719	0,004088	0,001257
46	0,044499	0,035910	0,029007	0,023455	0,018984	0,012472	0,003617	0,001084
47	0,041587	0,033404	0,026859	0,021617	0,017416	0,011338	0,003201	0,000934
48	0,038867	0,031074	0,024869	0,019924	0,015978	0,010307	0,002833	0,000805
49	0,036324	0,028906	0,023027	0,018363	0,014659	0,009370	0,002507	0,000694
50	0,033948	0,026889	0,021321	0,016924	0,013449	0,008519	0,002219	0,000599

❑   DSF – Diskontierungssummenfaktor

$$\frac{(1 + i)^n - 1}{i(1 + i)^n}$$

n / i	3,0%	3,5%	4,0%	4,5%	5,0%	5,5%	6,0%	6,5%
1	0,970874	0,966184	0,961538	0,956938	0,952381	0,947867	0,943396	0,938967
2	1,913470	1,899694	1,886095	1,872668	1,859410	1,846320	1,833393	1,820626
3	2,828611	2,801637	2,775091	2,748964	2,723248	2,697933	2,673012	2,648476
4	3,717098	3,673079	3,629895	3,587526	3,545951	3,505150	3,465106	3,425799
5	4,579707	4,515052	4,451822	4,389977	4,329477	4,270284	4,212364	4,155679
6	5,417191	5,328553	5,242137	5,157872	5,075692	4,995530	4,917324	4,841014
7	6,230283	6,114544	6,002055	5,892701	5,786373	5,682967	5,582381	5,484520
8	7,019692	6,873956	6,732745	6,595886	6,463213	6,334566	6,209794	6,088751
9	7,786109	7,607687	7,435332	7,268790	7,107822	6,952195	6,801692	6,656104
10	8,530203	8,316605	8,110896	7,912718	7,721735	7,537626	7,360087	7,188830
11	9,252624	9,001551	8,760477	8,528917	8,306414	8,092536	7,886875	7,689042
12	9,954004	9,663334	9,385074	9,118581	8,863252	8,618518	8,383844	8,158725
13	10,634955	10,302738	9,985648	9,682852	9,393573	9,117079	8,852683	8,599742
14	11,296073	10,920520	10,563123	10,222825	9,898641	9,589648	9,294984	9,013842
15	11,937935	11,517411	11,118387	10,739546	10,379658	10,037581	9,712249	9,402669
16	12,561102	12,094117	11,652296	11,234015	10,837770	10,462162	10,105895	9,767764
17	13,166118	12,651321	12,165669	11,707191	11,274066	10,864609	10,477260	10,110577
18	13,753513	13,189682	12,659297	12,159992	11,689587	11,246074	10,827603	10,432466
19	14,323799	13,709837	13,133939	12,593294	12,085321	11,607654	11,158116	10,734710
20	14,877475	14,212403	13,590326	13,007936	12,462210	11,950382	11,469921	11,018507
21	15,415024	14,697974	14,029160	13,404724	12,821153	12,275244	11,764077	11,284983
22	15,936917	15,167125	14,451115	13,784425	13,163003	12,583170	12,041582	11,535196
23	16,443608	15,620410	14,856842	14,147775	13,488574	12,875042	12,303379	11,770137
24	16,935542	16,058368	15,246963	14,495478	13,798642	13,151699	12,550358	11,990739
25	17,413148	16,481515	15,622080	14,828209	14,093945	13,413933	12,783356	12,197877
26	17,876842	16,890352	15,982769	15,146611	14,375185	13,662495	13,003166	12,392373
27	18,327031	17,285365	16,329586	15,451303	14,643034	13,898100	13,210534	12,574998
28	18,764108	17,667019	16,663063	15,742874	14,898127	14,121422	13,406164	12,746477
29	19,188455	18,035767	16,983715	16,021889	15,141074	14,333101	13,590721	12,907490
30	19,600441	18,392045	17,292033	16,288889	15,372451	14,533745	13,764831	13,058676
31	20,000428	18,736276	17,588494	16,544391	15,592811	14,723929	13,929086	13,200635
32	20,388766	19,068865	17,873551	16,788891	15,802677	14,904198	14,084043	13,333929
33	20,765792	19,390208	18,147646	17,022862	16,002549	15,075069	14,230230	13,459088
34	21,131837	19,700684	18,411198	17,246758	16,192904	15,237033	14,368141	13,576609
35	21,487220	20,000661	18,664613	17,461012	16,374194	15,390552	14,498246	13,686957
36	21,832252	20,290494	18,908282	17,666041	16,546852	15,536068	14,620987	13,790570
37	22,167235	20,570525	19,142579	17,862240	16,711287	15,673999	14,736780	13,887859
38	22,492462	20,841087	19,367864	18,049990	16,867893	15,804738	14,846019	13,979210
39	22,808215	21,102500	19,584485	18,229656	17,017041	15,928662	14,949075	14,064986
40	23,114772	21,355072	19,792774	18,401584	17,159086	16,046125	15,046297	14,145527
41	23,412400	21,599104	19,993052	18,566109	17,294368	16,157464	15,138016	14,221152
42	23,701359	21,834883	20,185627	18,723550	17,423208	16,262999	15,224543	14,292161
43	23,981902	22,062689	20,370795	18,874210	17,545912	16,363032	15,306173	14,358837
44	24,254274	22,282791	20,548841	19,018383	17,662773	16,457851	15,383182	14,421443
45	24,518713	22,495450	20,720040	19,156347	17,774070	16,547726	15,455832	14,480228
46	24,775449	22,700918	20,884654	19,288371	17,880066	16,632915	15,524370	14,535426
47	25,024708	22,899438	21,042936	19,414709	17,981016	16,713664	15,589028	14,587254
48	25,266707	23,091244	21,195131	19,535607	18,077158	16,790203	15,650027	14,635919
49	25,501657	23,276564	21,341472	19,651298	18,168722	16,862751	15,707572	14,681615
50	25,729764	23,455618	21,482185	19,762008	18,255925	16,931518	15,761861	14,724521

$$\frac{(1 + i)^n - 1}{i(1 + i)^n}$$

n / i	7,0%	7,5%	8,0%	8,5%	9,0%	10,0%	13,0%	16,0%
1	0,934579	0,930233	0,925926	0,921659	0,917431	0,909091	0,884956	0,862069
2	1,808018	1,795565	1,783265	1,771114	1,759111	1,735537	1,668102	1,605232
3	2,624316	2,600526	2,577097	2,554022	2,531295	2,486852	2,361153	2,245890
4	3,387211	3,349326	3,312127	3,275597	3,239720	3,169865	2,974471	2,798181
5	4,100197	4,045885	3,992710	3,940642	3,889651	3,790787	3,517231	3,274294
6	4,766540	4,693846	4,622880	4,553587	4,485919	4,355261	3,997550	3,684736
7	5,389289	5,296601	5,206370	5,118514	5,032953	4,868419	4,422610	4,038565
8	5,971299	5,857304	5,746639	5,639183	5,534819	5,334926	4,798770	4,343591
9	6,515232	6,378887	6,246888	6,119063	5,995247	5,759024	5,131655	4,606544
10	7,023582	6,864081	6,710081	6,561348	6,417658	6,144567	5,426243	4,833227
11	7,498674	7,315424	7,138964	6,968984	6,805191	6,495061	5,686941	5,028644
12	7,942686	7,735278	7,536078	7,344686	7,160725	6,813692	5,917647	5,197107
13	8,357651	8,125840	7,903776	7,690955	7,486904	7,103356	6,121812	5,342334
14	8,745468	8,489154	8,244237	8,010097	7,786150	7,366687	6,302488	5,467529
15	9,107914	8,827120	8,559479	8,304237	8,060688	7,606080	6,462379	5,575456
16	9,446649	9,141507	8,851369	8,575333	8,312580	7,823709	6,603875	5,668497
17	9,763223	9,433960	9,121638	8,825192	8,543631	8,021553	6,729093	5,748704
18	10,059087	9,706009	9,371887	9,055476	8,755625	8,201412	6,839905	5,817848
19	10,335595	9,959078	9,603599	9,267720	8,950115	8,364920	6,937969	5,877455
20	10,594014	10,194491	9,818147	9,463337	9,128546	8,513564	7,024752	5,928841
21	10,835527	10,413480	10,016803	9,643628	9,292244	8,648694	7,101550	5,973139
22	11,061240	10,617191	10,200744	9,809796	9,442425	8,771540	7,169513	6,011326
23	11,272187	10,806689	10,371059	9,962945	9,580207	8,883218	7,229658	6,044247
24	11,469334	10,982967	10,528758	10,104097	9,706612	8,984744	7,282883	6,072627
25	11,653583	11,146946	10,674776	10,234191	9,822580	9,077040	7,329985	6,097092
26	11,825779	11,299485	10,809978	10,354093	9,928972	9,160945	7,371668	6,118183
27	11,986709	11,441381	10,935165	10,464602	10,026580	9,237223	7,408556	6,136364
28	12,137111	11,573378	11,051078	10,566453	10,116128	9,306567	7,441200	6,152038
29	12,277674	11,696165	11,158406	10,660326	10,198283	9,369606	7,470088	6,165550
30	12,409041	11,810386	11,257783	10,746844	10,273654	9,426914	7,495653	6,177198
31	12,531814	11,916638	11,349799	10,826584	10,342802	9,479013	7,518277	6,187240
32	12,646555	12,015478	11,434999	10,900078	10,406240	9,526376	7,538299	6,195897
33	12,753790	12,107421	11,513888	10,967813	10,464441	9,569432	7,556016	6,203359
34	12,854009	12,192950	11,586934	11,030243	10,517835	9,608575	7,571696	6,209792
35	12,947672	12,272511	11,654568	11,087781	10,566821	9,644159	7,585572	6,215338
36	13,035208	12,346522	11,717193	11,140812	10,611763	9,676508	7,597851	6,220119
37	13,117017	12,415370	11,775179	11,189689	10,652993	9,705917	7,608718	6,224241
38	13,193473	12,479414	11,828869	11,234736	10,690820	9,732651	7,618334	6,227794
39	13,264928	12,538989	11,878582	11,276255	10,725523	9,756956	7,626844	6,230857
40	13,331709	12,594409	11,924613	11,314520	10,757360	9,779051	7,634376	6,233497
41	13,394120	12,645962	11,967235	11,349788	10,786569	9,799137	7,641040	6,235773
42	13,452449	12,693918	12,006699	11,382293	10,813366	9,817397	7,646938	6,237736
43	13,506962	12,738528	12,043240	11,412252	10,837950	9,833998	7,652158	6,239427
44	13,557908	12,780026	12,077074	11,439864	10,860505	9,849089	7,656777	6,240886
45	13,605522	12,818629	12,108402	11,465312	10,881197	9,862808	7,660864	6,242143
46	13,650020	12,854539	12,137409	11,488767	10,900181	9,875280	7,664482	6,243227
47	13,691608	12,887943	12,164267	11,510384	10,917597	9,886618	7,667683	6,244161
48	13,730474	12,919017	12,189136	11,530308	10,933575	9,896926	7,670516	6,244966
49	13,766799	12,947922	12,212163	11,548671	10,948234	9,906296	7,673023	6,245661
50	13,800746	12,974812	12,233485	11,565595	10,961683	9,914814	7,675242	6,246259

❑ **KWF – Kapitalwiedergewinnungsfaktor**

$$\frac{i(1 + i)^n}{(1 + i)^n - 1}$$

n / i	3,0%	3,5%	4,0%	4,5%	5,0%	5,5%	6,0%	6,5%
1	1,030000	1,035000	1,040000	1,045000	1,050000	1,055000	1,060000	1,065000
2	0,522611	0,526400	0,530196	0,533998	0,537805	0,541618	0,545437	0,549262
3	0,353530	0,356934	0,360349	0,363773	0,367209	0,370654	0,374110	0,377576
4	0,269027	0,272251	0,275490	0,278744	0,282012	0,285294	0,288591	0,291903
5	0,218355	0,221481	0,224627	0,227792	0,230975	0,234176	0,237396	0,240635
6	0,184598	0,187668	0,190762	0,193878	0,197017	0,200179	0,203363	0,206568
7	0,160506	0,163544	0,166610	0,169701	0,172820	0,175964	0,179135	0,182331
8	0,142456	0,145477	0,148528	0,151610	0,154722	0,157864	0,161036	0,164237
9	0,128434	0,131446	0,134493	0,137574	0,140690	0,143839	0,147022	0,150238
10	0,117231	0,120241	0,123291	0,126379	0,129505	0,132668	0,135868	0,139105
11	0,108077	0,111092	0,114149	0,117248	0,120389	0,123571	0,126793	0,130055
12	0,100462	0,103484	0,106552	0,109666	0,112825	0,116029	0,119277	0,122568
13	0,094030	0,097062	0,100144	0,103275	0,106456	0,109684	0,112960	0,116283
14	0,088526	0,091571	0,094669	0,097820	0,101024	0,104279	0,107585	0,110940
15	0,083767	0,086825	0,089941	0,093114	0,096342	0,099626	0,102963	0,106353
16	0,079611	0,082685	0,085820	0,089015	0,092270	0,095583	0,098952	0,102378
17	0,075953	0,079043	0,082199	0,085418	0,088699	0,092042	0,095445	0,098906
18	0,072709	0,075817	0,078993	0,082237	0,085546	0,088920	0,092357	0,095855
19	0,069814	0,072940	0,076139	0,079407	0,082745	0,086150	0,089621	0,093156
20	0,067216	0,070361	0,073582	0,076876	0,080243	0,083679	0,087185	0,090756
21	0,064872	0,068037	0,071280	0,074601	0,077996	0,081465	0,085005	0,088613
22	0,062747	0,065932	0,069199	0,072546	0,075971	0,079471	0,083046	0,086691
23	0,060814	0,064019	0,067309	0,070682	0,074137	0,077670	0,081278	0,084961
24	0,059047	0,062273	0,065587	0,068987	0,072471	0,076036	0,079679	0,083398
25	0,057428	0,060674	0,064012	0,067439	0,070952	0,074549	0,078227	0,081981
26	0,055938	0,059205	0,062567	0,066021	0,069564	0,073193	0,076904	0,080695
27	0,054564	0,057852	0,061239	0,064719	0,068292	0,071952	0,075697	0,079523
28	0,053293	0,056603	0,060013	0,063521	0,067123	0,070814	0,074593	0,078453
29	0,052115	0,055445	0,058880	0,062415	0,066046	0,069769	0,073580	0,077474
30	0,051019	0,054371	0,057830	0,061392	0,065051	0,068805	0,072649	0,076577
31	0,049999	0,053372	0,056855	0,060443	0,064132	0,067917	0,071792	0,075754
32	0,049047	0,052442	0,055949	0,059563	0,063280	0,067095	0,071002	0,074997
33	0,048156	0,051572	0,055104	0,058745	0,062490	0,066335	0,070273	0,074299
34	0,047322	0,050760	0,054315	0,057982	0,061755	0,065630	0,069598	0,073656
35	0,046539	0,049998	0,053577	0,057270	0,061072	0,064975	0,068974	0,073062
36	0,045804	0,049284	0,052887	0,056606	0,060434	0,064366	0,068395	0,072513
37	0,045112	0,048613	0,052240	0,055984	0,059840	0,063800	0,067857	0,072005
38	0,044459	0,047982	0,051632	0,055402	0,059284	0,063272	0,067358	0,071535
39	0,043844	0,047388	0,051061	0,054856	0,058765	0,062780	0,066894	0,071099
40	0,043262	0,046827	0,050523	0,054343	0,058278	0,062320	0,066462	0,070694
41	0,042712	0,046298	0,050017	0,053862	0,057822	0,061891	0,066059	0,070318
42	0,042192	0,045798	0,049540	0,053409	0,057395	0,061489	0,065683	0,069968
43	0,041698	0,045325	0,049090	0,052982	0,056993	0,061113	0,065333	0,069644
44	0,041230	0,044878	0,048665	0,052581	0,056616	0,060761	0,065006	0,069341
45	0,040785	0,044453	0,048262	0,052202	0,056262	0,060431	0,064700	0,069060
46	0,040363	0,044051	0,047882	0,051845	0,055928	0,060122	0,064415	0,068797
47	0,039961	0,043669	0,047522	0,051507	0,055614	0,059831	0,064148	0,068553
48	0,039578	0,043306	0,047181	0,051189	0,055318	0,059559	0,063898	0,068325
49	0,039213	0,042962	0,046857	0,050887	0,055040	0,059302	0,063664	0,068112
50	0,038865	0,042634	0,046550	0,050602	0,054777	0,059061	0,063444	0,067914

$$\frac{i(1+i)^n}{(1+i)^n - 1}$$

n / i	7,0%	7,5%	8,0%	8,5%	9,0%	10,0%	13,0%	16,0%
1	1,070000	1,075000	1,080000	1,085000	1,090000	1,100000	1,130000	1,160000
2	0,553092	0,556928	0,560769	0,564616	0,568469	0,576190	0,599484	0,622963
3	0,381052	0,384538	0,388034	0,391539	0,395055	0,402115	0,423522	0,445258
4	0,295228	0,298568	0,301921	0,305288	0,308669	0,315471	0,336194	0,357375
5	0,243891	0,247165	0,250456	0,253766	0,257092	0,263797	0,284315	0,305409
6	0,209796	0,213045	0,216315	0,219607	0,222920	0,229607	0,250153	0,271390
7	0,185553	0,188800	0,192072	0,195369	0,198691	0,205405	0,226111	0,247613
8	0,167468	0,170727	0,174015	0,177331	0,180674	0,187444	0,208387	0,230224
9	0,153486	0,156767	0,160080	0,163424	0,166799	0,173641	0,194869	0,217082
10	0,142378	0,145686	0,149029	0,152408	0,155820	0,162745	0,184290	0,206901
11	0,133357	0,136697	0,140076	0,143493	0,146947	0,153963	0,175841	0,198861
12	0,125902	0,129278	0,132695	0,136153	0,139651	0,146763	0,168986	0,192415
13	0,119651	0,123064	0,126522	0,130023	0,133567	0,140779	0,163350	0,187184
14	0,114345	0,117797	0,121297	0,124842	0,128433	0,135746	0,158667	0,182898
15	0,109795	0,113287	0,116830	0,120420	0,124059	0,131474	0,154742	0,179358
16	0,105858	0,109391	0,112977	0,116614	0,120300	0,127817	0,151426	0,176414
17	0,102425	0,106000	0,109629	0,113312	0,117046	0,124664	0,148608	0,173952
18	0,099413	0,103029	0,106702	0,110430	0,114212	0,121930	0,146201	0,171885
19	0,096753	0,100411	0,104128	0,107901	0,111730	0,119547	0,144134	0,170142
20	0,094393	0,098092	0,101852	0,105671	0,109546	0,117460	0,142354	0,168667
21	0,092289	0,096029	0,099832	0,103695	0,107617	0,115624	0,140814	0,167416
22	0,090406	0,094187	0,098032	0,101939	0,105905	0,114005	0,139479	0,166353
23	0,088714	0,092535	0,096422	0,100372	0,104382	0,112572	0,138319	0,165447
24	0,087189	0,091050	0,094978	0,098970	0,103023	0,111300	0,137308	0,164673
25	0,085811	0,089711	0,093679	0,097712	0,101806	0,110168	0,136426	0,164013
26	0,084561	0,088500	0,092507	0,096580	0,100715	0,109159	0,135655	0,163447
27	0,083426	0,087402	0,091448	0,095560	0,099735	0,108258	0,134979	0,162963
28	0,082392	0,086405	0,090489	0,094639	0,098852	0,107451	0,134387	0,162548
29	0,081449	0,085498	0,089619	0,093806	0,098056	0,106728	0,133867	0,162192
30	0,080586	0,084671	0,088827	0,093051	0,097338	0,106079	0,133411	0,161886
31	0,079797	0,083916	0,088107	0,092365	0,096686	0,105496	0,133009	0,161623
32	0,079073	0,083226	0,087451	0,091742	0,096096	0,104972	0,132656	0,161397
33	0,078408	0,082594	0,086852	0,091176	0,095562	0,104499	0,132345	0,161203
34	0,077797	0,082015	0,086304	0,090660	0,095077	0,104074	0,132071	0,161036
35	0,077234	0,081483	0,085803	0,090189	0,094636	0,103690	0,131829	0,160892
36	0,076715	0,080994	0,085345	0,089760	0,094235	0,103343	0,131616	0,160769
37	0,076237	0,080545	0,084924	0,089368	0,093870	0,103030	0,131428	0,160662
38	0,075795	0,080132	0,084539	0,089010	0,093538	0,102747	0,131262	0,160571
39	0,075387	0,079751	0,084185	0,088682	0,093236	0,102491	0,131116	0,160492
40	0,075009	0,079400	0,083860	0,088382	0,092960	0,102259	0,130986	0,160424
41	0,074660	0,079077	0,083561	0,088107	0,092708	0,102050	0,130872	0,160365
42	0,074336	0,078778	0,083287	0,087856	0,092478	0,101860	0,130771	0,160315
43	0,074036	0,078502	0,083034	0,087625	0,092268	0,101688	0,130682	0,160271
44	0,073758	0,078247	0,082802	0,087414	0,092077	0,101532	0,130603	0,160234
45	0,073500	0,078011	0,082587	0,087220	0,091902	0,101391	0,130534	0,160201
46	0,073260	0,077794	0,082390	0,087042	0,091742	0,101263	0,130472	0,160174
47	0,073037	0,077592	0,082208	0,086878	0,091595	0,101147	0,130417	0,160150
48	0,072831	0,077405	0,082040	0,086728	0,091461	0,101041	0,130369	0,160129
49	0,072639	0,077232	0,081886	0,086590	0,091339	0,100946	0,130327	0,160111
50	0,072460	0,077072	0,081743	0,086463	0,091227	0,100859	0,130289	0,160096

❏　　　**EWF – Endwertfaktor**

$$\frac{(1 + i)^n - 1}{i}$$

n / i	3,0%	3,5%	4,0%	4,5%	5,0%	5,5%	6,0%	6,5%
1	1,000000	1,000000	1,000000	1,000000	1,000000	1,000000	1,000000	1,000000
2	2,030000	2,035000	2,040000	2,045000	2,050000	2,055000	2,060000	2,065000
3	3,090900	3,106225	3,121600	3,137025	3,152500	3,168025	3,183600	3,199225
4	4,183627	4,214943	4,246464	4,278191	4,310125	4,342266	4,374616	4,407175
5	5,309136	5,362466	5,416323	5,470710	5,525631	5,581091	5,637093	5,693641
6	6,468410	6,550152	6,632975	6,716892	6,801913	6,888051	6,975319	7,063728
7	7,662462	7,779408	7,898294	8,019152	8,142008	8,266894	8,393838	8,522870
8	8,892336	9,051687	9,214226	9,380014	9,549109	9,721573	9,897468	10,076856
9	10,159106	10,368496	10,582795	10,802114	11,026564	11,256260	11,491316	11,731852
10	11,463879	11,731393	12,006107	12,288209	12,577893	12,875354	13,180795	13,494423
11	12,807796	13,141992	13,486351	13,841179	14,206787	14,583498	14,971643	15,371560
12	14,192030	14,601962	15,025805	15,464032	15,917127	16,385591	16,869941	17,370711
13	15,617790	16,113030	16,626838	17,159913	17,712983	18,286798	18,882138	19,499808
14	17,086324	17,676986	18,291911	18,932109	19,598632	20,292572	21,015066	21,767295
15	18,598914	19,295681	20,023588	20,784054	21,578564	22,408663	23,275970	24,182169
16	20,156881	20,971030	21,824531	22,719337	23,657492	24,641140	25,672528	26,754010
17	21,761588	22,705016	23,697512	24,741707	25,840366	26,996403	28,212880	29,493021
18	23,414435	24,499691	25,645413	26,855084	28,132385	29,481205	30,905653	32,410067
19	25,116868	26,357180	27,671229	29,063562	30,539004	32,102671	33,759992	35,516722
20	26,870374	28,279682	29,778079	31,371423	33,065954	34,868318	36,785591	38,825309
21	28,676486	30,269471	31,969202	33,783137	35,719252	37,786076	39,992727	42,348954
22	30,536780	32,328902	34,247970	36,303378	38,505214	40,864310	43,392290	46,101636
23	32,452884	34,460414	36,617889	38,937030	41,430475	44,111847	46,995828	50,098242
24	34,426470	36,666528	39,082604	41,689196	44,501999	47,537998	50,815577	54,354628
25	36,459264	38,949857	41,645908	44,565210	47,727099	51,152588	54,864512	58,887679
26	38,553042	41,313102	44,311745	47,570645	51,113454	54,965981	59,156383	63,715378
27	40,709634	43,759060	47,084214	50,711324	54,669126	58,989109	63,705766	68,856877
28	42,930923	46,290627	49,967583	53,993333	58,402583	63,233510	68,528112	74,332574
29	45,218850	48,910799	52,966286	57,423033	62,322712	67,711354	73,639798	80,164192
30	47,575416	51,622677	56,084938	61,007070	66,438848	72,435478	79,058186	86,374864
31	50,002678	54,429471	59,328335	64,752388	70,760790	77,419429	84,801677	92,989230
32	52,502759	57,334502	62,701469	68,666245	75,298829	82,677498	90,889778	100,033530
33	55,077841	60,341210	66,209527	72,756226	80,063771	88,224760	97,343165	107,535710
34	57,730177	63,453152	69,857909	77,030256	85,066959	94,077122	104,183755	115,525531
35	60,462082	66,674013	73,652225	81,496618	90,320307	100,251364	111,434780	124,034690
36	63,275944	70,007603	77,598314	86,163966	95,836323	106,765189	119,120867	133,096945
37	66,174223	73,457869	81,702246	91,041344	101,628139	113,637274	127,268119	142,748247
38	69,159449	77,028895	85,970336	96,138205	107,709546	120,887324	135,904206	153,026883
39	72,234233	80,724906	90,409150	101,464424	114,095023	128,536127	145,058458	163,973630
40	75,401260	84,550278	95,025516	107,030323	120,799774	136,605614	154,761966	175,631916
41	78,663298	88,509537	99,826536	112,846688	127,839763	145,118923	165,047684	188,047990
42	82,023196	92,607371	104,819598	118,924789	135,231751	154,100464	175,950545	201,271110
43	85,483892	96,848629	110,012382	125,276404	142,993339	163,575989	187,507577	215,353732
44	89,048409	101,238331	115,412877	131,913842	151,143006	173,572669	199,758032	230,351725
45	92,719861	105,781673	121,029392	138,849965	159,700156	184,119165	212,743514	246,324587
46	96,501457	110,484031	126,870568	146,098214	168,685164	195,245719	226,508125	263,335685
47	100,396501	115,350973	132,945390	153,672633	178,119422	206,984234	241,098612	281,452504
48	104,408396	120,388257	139,263206	161,587902	188,025393	219,368367	256,564529	300,746917
49	108,540648	125,601846	145,833734	169,859357	198,426663	232,433627	272,958401	321,295467
50	112,796867	130,997910	152,667084	178,503028	209,347996	246,217476	290,335905	343,179672

$$\frac{(1 + i)^n - 1}{i}$$

n / i	7,0%	7,5%	8,0%	8,5%	9,0%	10,0%	13,0%	16,0%
1	1,000000	1,000000	1,000000	1,000000	1,000000	1,000000	1,000000	1,000000
2	2,070000	2,075000	2,080000	2,085000	2,090000	2,100000	2,130000	2,160000
3	3,214900	3,230625	3,246400	3,262225	3,278100	3,310000	3,406900	3,505600
4	4,439943	4,472922	4,506112	4,539514	4,573129	4,641000	4,849797	5,066496
5	5,750739	5,808391	5,866601	5,925373	5,984711	6,105100	6,480271	6,877135
6	7,153291	7,244020	7,335929	7,429030	7,523335	7,715610	8,322706	8,977477
7	8,654021	8,787322	8,922803	9,060497	9,200435	9,487171	10,404658	11,413873
8	10,259803	10,446371	10,636628	10,830639	11,028474	11,435888	12,757263	14,240093
9	11,977989	12,229849	12,487558	12,751244	13,021036	13,579477	15,415707	17,518508
10	13,816448	14,147087	14,486562	14,835099	15,192930	15,937425	18,419749	21,321469
11	15,783599	16,208119	16,645487	17,096083	17,560293	18,531167	21,814317	25,732904
12	17,888451	18,423728	18,977126	19,549250	20,140720	21,384284	25,650178	30,850169
13	20,140643	20,805508	21,495297	22,210936	22,953385	24,522712	29,984701	36,786196
14	22,550488	23,365921	24,214920	25,098866	26,019189	27,974983	34,882712	43,671987
15	25,129022	26,118365	27,152114	28,232269	29,360916	31,772482	40,417464	51,659505
16	27,888054	29,077242	30,324283	31,632012	33,003399	35,949730	46,671735	60,925026
17	30,840217	32,258035	33,750226	35,320733	36,973705	40,544703	53,739060	71,673030
18	33,999033	35,677388	37,450244	39,322995	41,301338	45,599173	61,725138	84,140715
19	37,378965	39,353192	41,446263	43,665450	46,018458	51,159090	70,749406	98,603230
20	40,995492	43,304681	45,761964	48,377013	51,160120	57,274999	80,946829	115,379747
21	44,865177	47,552532	50,422921	53,489059	56,764530	64,002499	92,469917	134,840506
22	49,005739	52,118972	55,456755	59,035629	62,873338	71,402749	105,491006	157,414987
23	53,436141	57,027895	60,893296	65,053658	69,531939	79,543024	120,204837	183,601385
24	58,176671	62,304987	66,764759	71,583219	76,789813	88,497327	136,831465	213,977607
25	63,249038	67,977862	73,105940	78,667792	84,700896	98,347059	155,619556	249,214024
26	68,676470	74,076201	79,954415	86,354555	93,323977	109,181765	176,850098	290,088267
27	74,483823	80,631916	87,350768	94,694692	102,723135	121,099942	200,840611	337,502390
28	80,697691	87,679310	95,338830	103,743741	112,968217	134,209936	227,949890	392,502773
29	87,346529	95,255258	103,965936	113,561959	124,135356	148,630930	258,583376	456,303216
30	94,460786	103,399403	113,283211	124,214725	136,307539	164,494023	293,199215	530,311731
31	102,073041	112,154358	123,345868	135,772977	149,575217	181,943425	332,315113	616,161608
32	110,218154	121,565935	134,213537	148,313680	164,036987	201,137767	376,516078	715,747465
33	118,933425	131,683380	145,950620	161,920343	179,800315	222,251544	426,463168	831,267059
34	128,258765	142,559633	158,626670	176,683572	196,982344	245,476699	482,903380	965,269789
35	138,236878	154,251606	172,316804	192,701675	215,710755	271,024368	546,680819	1120,712955
36	148,913640	166,820476	187,102148	210,081318	236,124723	299,126805	618,749325	1301,027028
37	160,337402	180,332012	203,070320	228,938230	258,375948	330,039486	700,186738	1510,191352
38	172,561020	194,856913	220,315945	249,397979	282,629783	364,043434	792,211014	1752,821968
39	185,640292	210,471181	238,941221	271,596808	309,066463	401,447778	896,198445	2034,273483
40	199,635112	227,256520	259,056519	295,682536	337,882445	442,592556	1013,704243	2360,757241
41	214,609570	245,300759	280,781040	321,815552	369,291865	487,851811	1146,485795	2739,478399
42	230,632240	264,698315	304,243523	350,169874	403,528133	537,636992	1296,528948	3178,794943
43	247,776496	285,550689	329,583005	380,934313	440,845665	592,400692	1466,077712	3688,402134
44	266,120851	307,966991	356,949646	414,313730	481,521775	652,640761	1657,667814	4279,546475
45	285,749311	332,064515	386,505617	450,530397	525,858734	718,904837	1874,164630	4965,273911
46	306,751763	357,969354	418,426067	489,825480	574,186021	791,795321	2118,806032	5760,717737
47	329,224386	385,817055	452,900152	532,460646	626,862762	871,974853	2395,250816	6683,432575
48	353,270093	415,753334	490,132164	578,719801	684,280411	960,172338	2707,633422	7753,781787
49	378,999000	447,934835	530,342737	628,910984	746,865648	1057,189572	3060,625767	8995,386873
50	406,528929	482,529947	573,770156	683,368418	815,083556	1163,908529	3459,507117	10435,648773

❑ **RVF – Restwertverteilungsfaktor**

$$\frac{i}{(1 + i)^n - 1}$$

n / i	3,0%	3,5%	4,0%	4,5%	5,0%	5,5%	6,0%	6,5%
1	1,000000	1,000000	1,000000	1,000000	1,000000	1,000000	1,000000	1,000000
2	0,492611	0,491400	0,490196	0,488998	0,487805	0,486618	0,485437	0,484262
3	0,323530	0,321934	0,320349	0,318773	0,317209	0,315654	0,314110	0,312576
4	0,239027	0,237251	0,235490	0,233744	0,232012	0,230294	0,228591	0,226903
5	0,188355	0,186481	0,184627	0,182792	0,180975	0,179176	0,177396	0,175635
6	0,154598	0,152668	0,150762	0,148878	0,147017	0,145179	0,143363	0,141568
7	0,130506	0,128544	0,126610	0,124701	0,122820	0,120964	0,119135	0,117331
8	0,112456	0,110477	0,108528	0,106610	0,104722	0,102864	0,101036	0,099237
9	0,098434	0,096446	0,094493	0,092574	0,090690	0,088839	0,087022	0,085238
10	0,087231	0,085241	0,083291	0,081379	0,079505	0,077668	0,075868	0,074105
11	0,078077	0,076092	0,074149	0,072248	0,070389	0,068571	0,066793	0,065055
12	0,070462	0,068484	0,066552	0,064666	0,062825	0,061029	0,059277	0,057568
13	0,064030	0,062062	0,060144	0,058275	0,056456	0,054684	0,052960	0,051283
14	0,058526	0,056571	0,054669	0,052820	0,051024	0,049279	0,047585	0,045940
15	0,053767	0,051825	0,049941	0,048114	0,046342	0,044626	0,042963	0,041353
16	0,049611	0,047685	0,045820	0,044015	0,042270	0,040583	0,038952	0,037378
17	0,045953	0,044043	0,042199	0,040418	0,038699	0,037042	0,035445	0,033906
18	0,042709	0,040817	0,038993	0,037237	0,035546	0,033920	0,032357	0,030855
19	0,039814	0,037940	0,036139	0,034407	0,032745	0,031150	0,029621	0,028156
20	0,037216	0,035361	0,033582	0,031876	0,030243	0,028679	0,027185	0,025756
21	0,034872	0,033037	0,031280	0,029601	0,027996	0,026465	0,025005	0,023613
22	0,032747	0,030932	0,029199	0,027546	0,025971	0,024471	0,023046	0,021691
23	0,030814	0,029019	0,027309	0,025682	0,024137	0,022670	0,021278	0,019961
24	0,029047	0,027273	0,025587	0,023987	0,022471	0,021036	0,019679	0,018398
25	0,027428	0,025674	0,024012	0,022439	0,020952	0,019549	0,018227	0,016981
26	0,025938	0,024205	0,022567	0,021021	0,019564	0,018193	0,016904	0,015695
27	0,024564	0,022852	0,021239	0,019719	0,018292	0,016952	0,015697	0,014523
28	0,023293	0,021603	0,020013	0,018521	0,017123	0,015814	0,014593	0,013453
29	0,022115	0,020445	0,018880	0,017415	0,016046	0,014769	0,013580	0,012474
30	0,021019	0,019371	0,017830	0,016392	0,015051	0,013805	0,012649	0,011577
31	0,019999	0,018372	0,016855	0,015443	0,014132	0,012917	0,011792	0,010754
32	0,019047	0,017442	0,015949	0,014563	0,013280	0,012095	0,011002	0,009997
33	0,018156	0,016572	0,015104	0,013745	0,012490	0,011335	0,010273	0,009299
34	0,017322	0,015760	0,014315	0,012982	0,011755	0,010630	0,009598	0,008656
35	0,016539	0,014998	0,013577	0,012270	0,011072	0,009975	0,008974	0,008062
36	0,015804	0,014284	0,012887	0,011606	0,010434	0,009366	0,008395	0,007513
37	0,015112	0,013613	0,012240	0,010984	0,009840	0,008800	0,007857	0,007005
38	0,014459	0,012982	0,011632	0,010402	0,009284	0,008272	0,007358	0,006535
39	0,013844	0,012388	0,011061	0,009856	0,008765	0,007780	0,006894	0,006099
40	0,013262	0,011827	0,010523	0,009343	0,008278	0,007320	0,006462	0,005694
41	0,012712	0,011298	0,010017	0,008862	0,007822	0,006891	0,006059	0,005318
42	0,012192	0,010798	0,009540	0,008409	0,007395	0,006489	0,005683	0,004968
43	0,011698	0,010325	0,009090	0,007982	0,006993	0,006113	0,005333	0,004644
44	0,011230	0,009878	0,008665	0,007581	0,006616	0,005761	0,005006	0,004341
45	0,010785	0,009453	0,008262	0,007202	0,006262	0,005431	0,004700	0,004060
46	0,010363	0,009051	0,007882	0,006845	0,005928	0,005122	0,004415	0,003797
47	0,009961	0,008669	0,007522	0,006507	0,005614	0,004831	0,004148	0,003553
48	0,009578	0,008306	0,007181	0,006189	0,005318	0,004559	0,003898	0,003325
49	0,009213	0,007962	0,006857	0,005887	0,005040	0,004302	0,003664	0,003112
50	0,008865	0,007634	0,006550	0,005602	0,004777	0,004061	0,003444	0,002914

$$\frac{i}{(1 + i)^n - 1}$$

n / i	7,0%	7,5%	8,0%	8,5%	9,0%	10,0%	13,0%	16,0%
1	1,000000	1,000000	1,000000	1,000000	1,000000	1,000000	1,000000	1,000000
2	0,483092	0,481928	0,480769	0,479616	0,478469	0,476190	0,469484	0,462963
3	0,311052	0,309538	0,308034	0,306539	0,305055	0,302115	0,293522	0,285258
4	0,225228	0,223568	0,221921	0,220288	0,218669	0,215471	0,206194	0,197375
5	0,173891	0,172165	0,170456	0,168766	0,167092	0,163797	0,154315	0,145409
6	0,139796	0,138045	0,136315	0,134607	0,132920	0,129607	0,120153	0,111390
7	0,115553	0,113800	0,112072	0,110369	0,108691	0,105405	0,096111	0,087613
8	0,097468	0,095727	0,094015	0,092331	0,090674	0,087444	0,078387	0,070224
9	0,083486	0,081767	0,080080	0,078424	0,076799	0,073641	0,064869	0,057082
10	0,072378	0,070686	0,069029	0,067408	0,065820	0,062745	0,054290	0,046901
11	0,063357	0,061697	0,060076	0,058493	0,056947	0,053963	0,045841	0,038861
12	0,055902	0,054278	0,052695	0,051153	0,049651	0,046763	0,038986	0,032415
13	0,049651	0,048064	0,046522	0,045023	0,043567	0,040779	0,033350	0,027184
14	0,044345	0,042797	0,041297	0,039842	0,038433	0,035746	0,028667	0,022898
15	0,039795	0,038287	0,036830	0,035420	0,034059	0,031474	0,024742	0,019358
16	0,035858	0,034391	0,032977	0,031614	0,030300	0,027817	0,021426	0,016414
17	0,032425	0,031000	0,029629	0,028312	0,027046	0,024664	0,018608	0,013952
18	0,029413	0,028029	0,026702	0,025430	0,024212	0,021930	0,016201	0,011885
19	0,026753	0,025411	0,024128	0,022901	0,021730	0,019547	0,014134	0,010142
20	0,024393	0,023092	0,021852	0,020671	0,019546	0,017460	0,012354	0,008667
21	0,022289	0,021029	0,019832	0,018695	0,017617	0,015624	0,010814	0,007416
22	0,020406	0,019187	0,018032	0,016939	0,015905	0,014005	0,009479	0,006353
23	0,018714	0,017535	0,016422	0,015372	0,014382	0,012572	0,008319	0,005447
24	0,017189	0,016050	0,014978	0,013970	0,013023	0,011300	0,007308	0,004673
25	0,015811	0,014711	0,013679	0,012712	0,011806	0,010168	0,006426	0,004013
26	0,014561	0,013500	0,012507	0,011580	0,010715	0,009159	0,005655	0,003447
27	0,013426	0,012402	0,011448	0,010560	0,009735	0,008258	0,004979	0,002963
28	0,012392	0,011405	0,010489	0,009639	0,008852	0,007451	0,004387	0,002548
29	0,011449	0,010498	0,009619	0,008806	0,008056	0,006728	0,003867	0,002192
30	0,010586	0,009671	0,008827	0,008051	0,007336	0,006079	0,003411	0,001886
31	0,009797	0,008916	0,008107	0,007365	0,006686	0,005496	0,003009	0,001623
32	0,009073	0,008226	0,007451	0,006742	0,006096	0,004972	0,002656	0,001397
33	0,008408	0,007594	0,006852	0,006176	0,005562	0,004499	0,002345	0,001203
34	0,007797	0,007015	0,006304	0,005660	0,005077	0,004074	0,002071	0,001036
35	0,007234	0,006483	0,005803	0,005189	0,004636	0,003690	0,001829	0,000892
36	0,006715	0,005994	0,005345	0,004760	0,004235	0,003343	0,001616	0,000769
37	0,006237	0,005545	0,004924	0,004368	0,003870	0,003030	0,001428	0,000662
38	0,005795	0,005132	0,004539	0,004010	0,003538	0,002747	0,001262	0,000571
39	0,005387	0,004751	0,004185	0,003682	0,003236	0,002491	0,001116	0,000492
40	0,005009	0,004400	0,003860	0,003382	0,002960	0,002259	0,000986	0,000424
41	0,004660	0,004077	0,003561	0,003107	0,002708	0,002050	0,000872	0,000365
42	0,004336	0,003778	0,003287	0,002856	0,002478	0,001860	0,000771	0,000315
43	0,004036	0,003502	0,003034	0,002625	0,002268	0,001688	0,000682	0,000271
44	0,003758	0,003247	0,002802	0,002414	0,002077	0,001532	0,000603	0,000234
45	0,003500	0,003011	0,002587	0,002220	0,001902	0,001391	0,000534	0,000201
46	0,003260	0,002794	0,002390	0,002042	0,001742	0,001263	0,000472	0,000174
47	0,003037	0,002592	0,002208	0,001878	0,001595	0,001147	0,000417	0,000150
48	0,002831	0,002405	0,002040	0,001728	0,001461	0,001041	0,000369	0,000129
49	0,002639	0,002232	0,001886	0,001590	0,001339	0,000946	0,000327	0,000111
50	0,002460	0,002072	0,001743	0,001463	0,001227	0,000859	0,000289	0,000096

❏   **Werte für die Fläche** $D(z)$

z	0	1	2	3	4	5	6	7	8	9
	0,	0,	0,	0,	0,	0,	0,	0,	0,	0,
0	0	80	160	239	319	399	478	558	638	717
0,1	797	876	955	1034	1113	1192	1271	1350	1428	1507
0,2	1585	1663	1741	1819	1897	1974	2051	2128	2205	2282
0,3	2358	2434	2510	2586	2661	2737	2812	2886	2961	3035
0,4	3108	3182	3255	3328	3401	3473	3545	3616	3688	3759
0,5	3829	3899	3969	4039	4108	4177	4245	4313	4381	4448
0,6	4515	4581	4647	4713	4778	4843	4907	4971	5035	5098
0,7	5161	5223	5285	5346	5407	5467	5527	5587	5646	5705
0,8	5763	5821	5878	5935	5991	6047	6102	6157	6211	6265
0,9	6319	6372	6424	6476	6528	6579	6629	6680	6729	6778
1	6827	6875	6923	6970	7017	7063	7109	7154	7199	7243
1,1	7287	7330	7373	7415	7457	7499	7540	7580	7620	7660
1,2	7699	7737	7775	7813	7850	7887	7923	7959	7995	8029
1,3	8064	8098	8132	8165	8198	8230	8262	8293	8324	8355
1,4	8385	8415	8444	8473	8501	8529	8557	8584	8611	8638
1,5	8664	8690	8715	8740	8764	8789	8812	8836	8859	8882
1,6	8904	8926	8948	8969	8990	9011	9031	9051	9070	9090
1,7	9109	9127	9146	9164	9181	9199	9216	9233	9249	9265
1,8	9281	9297	9312	9328	9342	9357	9371	9385	9399	9412
1,9	9426	9439	9451	9464	9476	9488	9500	9512	9523	9534
2	9545	9556	9566	9576	9586	9596	9606	9615	9625	9634
2,1	9643	9651	9660	9668	9676	9684	9692	9700	9707	9715
2,2	9722	9729	9736	9743	9749	9756	9762	9768	9774	9780
2,3	9786	9791	9797	9802	9807	9812	9817	9822	9827	9832
2,4	9836	9840	9845	9849	9853	9857	9861	9865	9869	9872
2,5	9876	9879	9883	9886	9889	9892	9895	9898	9901	9904
2,6	9907	9909	9912	9915	9917	9920	9922	9924	9926	9929
2,7	9931	9933	9935	9937	9939	9940	9942	9944	9946	9947
2,8	9949	9950	9952	9953	9955	9956	9958	9959	9960	9961
2,9	9963	9964	9965	9966	9967	9968	9969	9970	9971	9972
3	9973	9974	9975	9976	9976	9977	9978	9979	9979	9980
3,1	9980	9982	9982	9982	9984	9984	9984	9984	9986	9986
3,2	9986	9986	9988	9988	9988	9988	9988	9990	9990	9990

❑   **Werte der Verteilungsfunktion $F(-z)$**

-z	0	1	2	3	4	5	6	7	8	9
	0,	0,	0,	0,	0,	0,	0,	0,	0,	0,
0	5000	4960	4920	4880	4840	4801	4761	4721	4681	4641
0,1	4602	4562	4522	4483	4443	4404	4364	4325	4286	4247
0,2	4207	4168	4129	4090	4052	4013	3974	3936	3897	3859
0,3	3821	3783	3745	3707	3669	3632	3594	3557	3520	3483
0,4	3446	3409	3372	3336	3300	3264	3228	3192	3156	3121
0,5	3085	3050	3015	2981	2946	2912	2877	2843	2810	2776
0,6	2743	2709	2676	2643	2611	2578	2546	2514	2483	2451
0,7	2420	2389	2358	2327	2296	2266	2236	2206	2177	2148
0,8	2119	2090	2061	2033	2005	1977	1949	1922	1894	1867
0,9	1841	1814	1788	1762	1736	1711	1685	1660	1635	1611
1	1587	1562	1539	1515	1492	1469	1446	1423	1401	1379
1,1	1357	1335	1314	1292	1271	1251	1230	1210	1190	1170
1,2	1151	1131	1112	1093	1075	1056	1038	1020	1003	985
1,3	968	951	934	918	901	885	869	853	838	823
1,4	808	793	778	764	749	735	721	708	694	681
1,5	668	655	643	630	618	606	594	582	571	559
1,6	548	537	526	516	505	495	485	475	465	455
1,7	446	436	427	418	409	401	392	384	375	367
1,8	359	351	344	336	329	322	314	307	301	294
1,9	287	281	274	268	262	256	250	244	239	233
2	228	222	217	212	207	202	197	192	188	183
2,1	179	174	170	166	162	158	154	150	146	143
2,2	139	136	132	129	125	122	119	116	113	110
2,3	107	104	102	99	96	94	91	89	87	84
2,4	82	80	78	75	73	71	69	68	66	64
2,5	62	60	59	57	55	54	52	51	49	48
2,6	47	45	44	43	41	40	39	38	37	36
2,7	35	34	33	32	31	30	29	28	27	26
2,8	26	25	24	23	23	22	21	21	20	19
2,9	19	18	18	17	16	16	15	15	14	14
3	13	13	13	12	12	11	11	11	10	10
3,1	10	9	9	9	8	8	8	8	7	7
3,2	7	7	6	6	6	6	6	5	5	5

❑　　**Werte der Verteilungsfunktion $F(+z)$**

z	0	1	2	3	4	5	6	7	8	9
	0,	0,	0,	0,	0,	0,	0,	0,	0,	0,
0	5000	5040	5080	5120	5160	5199	5239	5279	5319	5359
0,1	5398	5438	5478	5517	5557	5596	5636	5675	5714	5753
0,2	5793	5832	5871	5910	5948	5987	6026	6064	6103	6141
0,3	6179	6217	6255	6293	6331	6368	6406	6443	6480	6517
0,4	6554	6591	6628	6664	6700	6736	6772	6808	6844	6879
0,5	6915	6950	6985	7019	7054	7088	7123	7157	7190	7224
0,6	7257	7291	7324	7357	7389	7422	7454	7486	7517	7549
0,7	7580	7611	7642	7673	7704	7734	7764	7794	7823	7852
0,8	7881	7910	7939	7967	7995	8023	8051	8078	8106	8133
0,9	8159	8186	8212	8238	8264	8289	8315	8340	8365	8389
1	8413	8438	8461	8485	8508	8531	8554	8577	8599	8621
1,1	8643	8665	8686	8708	8729	8749	8770	8790	8810	8830
1,2	8849	8869	8888	8907	8925	8944	8962	8980	8997	9015
1,3	9032	9049	9066	9082	9099	9115	9131	9147	9162	9177
1,4	9192	9207	9222	9236	9251	9265	9279	9292	9306	9319
1,5	9332	9345	9357	9370	9382	9394	9406	9418	9429	9441
1,6	9452	9463	9474	9484	9495	9505	9515	9525	9535	9545
1,7	9554	9564	9573	9582	9591	9599	9608	9616	9625	9633
1,8	9641	9649	9656	9664	9671	9678	9686	9693	9699	9706
1,9	9713	9719	9726	9732	9738	9744	9750	9756	9761	9767
2	9772	9778	9783	9788	9793	9798	9803	9808	9812	9817
2,1	9821	9826	9830	9834	9838	9842	9846	9850	9854	9857
2,2	9861	9864	9868	9871	9875	9878	9881	9884	9887	9890
2,3	9893	9896	9898	9901	9904	9906	9909	9911	9913	9916
2,4	9918	9920	9922	9925	9927	9929	9931	9932	9934	9936
2,5	9938	9940	9941	9943	9945	9946	9948	9949	9951	9952
2,6	9953	9955	9956	9957	9959	9960	9961	9962	9963	9964
2,7	9965	9966	9967	9968	9969	9970	9971	9972	9973	9974
2,8	9974	9975	9976	9977	9977	9978	9979	9979	9980	9981
2,9	9981	9982	9982	9983	9984	9984	9985	9985	9986	9986
3	9986	9987	9987	9988	9988	9989	9989	9989	9990	9990
3,1	9990	9991	9991	9991	9992	9992	9992	9992	9993	9993
3,2	9993	9993	9994	9994	9994	9994	9994	9995	9995	9995

Tabelle der kumulierten Wahrscheinlichkeiten für die Standard-Normalverteilung N(0.1).

z	...0	...1	...2	...3	...4	...5	...6	...7	...8	...9
0.0.	0.5000	0.5040	0.5080	0.5120	0.5160	0.5199	0.5239	0.5279	0.5319	0.5359
0.1.	0.5398	0.5438	0.5478	0.5517	0.5557	0.5596	0.5636	0.5675	0.5714	0.5753
0.2.	0.5793	0.5832	0.5871	0.5910	0.5948	0.5987	0.6026	0.6064	0.6103	0.6141
0.3.	0.6179	0.6217	0.6255	0.6293	0.6331	0.6368	0.6406	0.6443	0.6480	0.6517
0.4.	0.6554	0.6591	0.6628	0.6664	0.6700	0.6736	0.6772	0.6808	0.6844	0.6879
0.5.	0.6915	0.6950	0.6985	0.7019	0.7054	0.7088	0.7123	0.7157	0.7190	0.7224
0.6.	0.7257	0.7291	0.7324	0.7357	0.7389	0.7422	0.7454	0.7486	0.7517	0.7549
0.7.	0.7580	0.7611	0.7642	0.7673	0.7704	0.7734	0.7764	0.7794	0.7823	0.7852
0.8.	0.7881	0.7910	0.7939	0.7967	0.7995	0.8023	0.8051	0.8078	0.8106	0.8133
0.9.	0.8159	0.8186	0.8212	0.8238	0.8264	0.8289	0.8315	0.8340	0.8365	0.8389
1.0.	0.8413	0.8438	0.8461	0.8485	0.8508	0.8531	0.8554	0.8577	0.8599	0.8621
1.1.	0.8643	0.8665	0.8686	0.8708	0.8729	0.8749	0.8770	0.8790	0.8810	0.8830
1.2.	0.8849	0.8869	0.8888	0.8907	0.8925	0.8944	0.8962	0.8980	0.8997	0.9015
1.3.	0.9032	0.9049	0.9066	0.9082	0.9099	0.9115	0.9131	0.9147	0.9162	0.9177
1.4.	0.9192	0.9207	0.9222	0.9236	0.9251	0.9265	0.9279	0.9292	0.9306	0.9319
1.5.	0.9332	0.9345	0.9357	0.9370	0.9382	0.9394	0.9406	0.9418	0.9429	0.9441
1.6.	0.9452	0.9463	0.9474	0.9484	0.9495	0.9505	0.9515	0.9525	0.9535	0.9545
1.7.	0.9554	0.9564	0.9573	0.9582	0.9591	0.9599	0.9608	0.9616	0.9625	0.9633
1.8.	0.9641	0.9649	0.9656	0.9664	0.9671	0.9678	0.9686	0.9693	0.9699	0.9706
1.9.	0.9713	0.9719	0.9726	0.9732	0.9738	0.9744	0.9750	0.9756	0.9761	0.9767
2.0.	0.9772	0.9778	0.9783	0.9788	0.9793	0.9798	0.9803	0.9808	0.9812	0.9817
2.1.	0.9821	0.9826	0.9830	0.9834	0.9838	0.9842	0.9846	0.9850	0.9854	0.9857
2.2.	0.9861	0.9864	0.9868	0.9871	0.9875	0.9878	0.9881	0.9884	0.9887	0.9890
2.3.	0.9893	0.9896	0.9898	0.9901	0.9904	0.9906	0.9909	0.9911	0.9913	0.9916
2.4.	0.9918	0.9920	0.9922	0.9925	0.9927	0.9929	0.9931	0.9932	0.9934	0.9936
2.5.	0.9938	0.9940	0.9941	0.9943	0.9945	0.9946	0.9948	0.9949	0.9951	0.9952
2.6.	0.9953	0.9955	0.9956	0.9957	0.9959	0.9960	0.9961	0.9962	0.9963	0.9964
2.7.	0.9965	0.9966	0.9967	0.9968	0.9969	0.9970	0.9971	0.9972	0.9973	0.9974
2.8.	0.9974	0.9975	0.9976	0.9977	0.9977	0.9978	0.9979	0.9979	0.9980	0.9981
2.9.	0.9981	0.9982	0.9982	0.9983	0.9984	0.9984	0.9985	0.9985	0.9986	0.9986
3.0.	0.9987	0.9987	0.9987	0.9988	0.9988	0.9989	0.9989	0.9989	0.9990	0.9990
3.1.	0.9990	0.9991	0.9991	0.9991	0.9992	0.9992	0.9992	0.9992	0.9993	0.9993
3.2.	0.9993	0.9993	0.9994	0.9994	0.9994	0.9994	0.9994	0.9995	0.9995	0.9995
3.3.	0.9995	0.9995	0.9995	0.9996	0.9996	0.9996	0.9996	0.9996	0.9996	0.9997
3.4.	0.9997	0.9997	0.9997	0.9997	0.9997	0.9997	0.9997	0.9997	0.9997	0.9998

Es gelten:

$$\Phi(-z) = 1 - \Phi(z)$$

$$P(\Phi(z_1) \leq z \leq \Phi(z_2)) = \Phi(z_2) - \Phi(z_1)$$

$$P(\Phi(-z) \leq z \leq \Phi(z)) = 2 \cdot \Phi(z) - 1$$

z-Transformation: $\boxed{z = \frac{x-\mu}{\sigma}}$ bzw. $\boxed{x = z \cdot \sigma + \mu}$

Markante Werte:

z	0.68	1.65	1.96	2.58
$\Phi(z)$	0.7517	0.9505	0.9750	0.9951

Quellenverzeichnis

Beyerle, T. (2003): Immobilienresearch – Grundlage zur Absicherung von Immobilieninvestitionen, in Handbuch für Immobilienmakler und Immobilienberater, (Hrsg. Sailer/Kippes/Rehkugler), München 2003

Blöcher, A. (2002): Due Diligence und Unternehmensbewertung im Akquisitionsprozess, in Due Diligence in der Praxis, (Hrsg.: C. Scott), Wiesbaden 2002

Bone-Winkel, S. (2000): Immobilienportfolio-Management, in Immobilienökonomie Band I, (Hrsg. KW Schulte), 2. Aufl. Oldenburg 2000

Essler, W., Seidel, M. (2004): Verkäufer Due Diligence bei Immobilientransaktionen, in Corporate Real Estate Jahrbuch 2004

Bulwien, H. (2001): Bedarfsbestimmungen ausgewählter Immobilienarten in Handbuch der Immobilienwirtschaft, (Hrsg. Gondring/Lammel), Wiesbaden 2001

Esser, W./Seidel, M. (2004): Verkäufer Due Diligence bei Verkaufstransaktionen, in Jahrbuch Corporate-Real-Estate 2004

Däumler, K.D. (1998): Grundlagen der Investitions- und Wirtschaftlichkeitsberechnung, 9. Aufl. Berlin 1998

Franke, K., Schepp-Schröder, B. (2002): Due Diligence bei Wohnungsbeständen, in Immobilien Zeitung Nr. 10 vom 10. 05. 2002

Froese, A./Paul, M. (2003): Neue Instrumente der Projektfinanzierung, in Real Estate Investment Banking, (Hrsg. Gondring/Zoller/Dinauer), Wiesbaden 2003

Gleißner, W. (2001): Wertorientiertes Risikomanagement für Industrie und Handel, 1. Auflage, Stuttgart 2001

Gleißner, W./Weissmann, A. (2004): Future Value, 1. Auflage, Stuttgart 2004

Gleißner, W./Fuser, K. (2003): Leitfaden Rating – Band II, Strategien für den Mittelstand, 2. Auflage, Stuttgart 2003

Gleißner, W./Romeike, F. (2005): Risikomanagement – Vernetzung, Werkzeuge, Risikobewertung, 1. Auflage, Stuttgart 2005

Gondring, H.P. u.a.: Das Erbbaurecht nach der Erbbaurechtreform, in Immobilienwirtschaft, Handbuch für Studium und Praxis, München 2004

Gondring, H.P. u.a.: Immobilienwirtschaft, Handbuch für Studium und Praxis, (Hrsg. Gondring H.P.), München 2004

Gondring, H.P. u.a.: Real Estate Investment Banking, 1. Auflage Wiesbaden 2003

Hamberger, K. (2003): Planung und Durchführung von Portfoliotransaktionen nach steuerlichen und rechtlichen Gesichtspunkten, in Real Estate Investment Banking, (Hrsg. Gondring/Zoller/Dinauer), Wiesbaden 2003

Hieronymus, J. (1997): Portfolio-Selektion und strategisches Immobilien-Management, in das große Handbuch Immobilien-Management (Hrsg. Falk, B.), Landsberg/Lech 1997

Isenhöfer, B., Väth, A. (2000): Immobilienanalyse, Immobilienökonomie Band I, (Hrsg.: KW. Schulte), 2. Aufl., München 2000

Isenhöfer, B., Väth, A. (2000): Projektentwicklung, Immobilienökonomie Band I, (Hrsg.: KW. Schulte), 2. Aufl., München 2000

Kirchner, Joachim (2004): Skript: Investitionsrechnungen in der Wohnungswirtschaft, (Hrsg.: IWU GmbH), 2000

Kleiber, W., Simon, J., Weyer, G. (1994): Verkehrswert von Grundstücken, 2. Aufl. Köln 1994.

Kleiber, W., Simon, J., Weyer, G. (1993): WertV 88, 3. Aufl. Köln 1993.

Löffler, C. (2004): Tax Due Diligence beim Unternehmenskauf, in Die Wirtschaftsprüfung, Heft 11, 2004 Murfeld, E. u.a. (2004): Grundstück, Grundstücksrecht und Grundstückserwerb, in Spezielle Betriebswirtschaftslehre der Immobilienwirtschaft, Hrsg. Murfeld, E. 4. Aufl. Hamburg 2004

Murfeld, E. u.a. (2000): Steuern bei Immobilien, in Spezielle Betriebswirtschaftslehre der Grundstücks- und Wohnungswirtschaft, (Hrsg. Murfeld, E.) 3. Aufl. Hamburg 2000

Müller, K.J. (2004): Einfluss der due diligence auf die Gewährleistungsrechte des Käufers beim Unternehmenskauf, in NJW Nr. 31/2004

Niewerth, J. (2004): Ablauf von Bieterverfahren Portfolio-transaktionen: Ohne Struktur kein Erfolg, in Immobilien Zeitung, Nr.9, 22. April 2004

Petersen, H. (1999): Marktorientierte Immobilienbewertung, in Kompendium für Makler, Hausverwalter und Sachverständige, (Hrsg. Sailer, E./Langemaack, H.) 9. Aufl. Stuttgart 1999

Raum, B. (2002): Raum, B., Die Due Diligence Real Estate ist nur so gut wie das Datenmaterial, Kreditrating in der Immobilienwirtschaft Teil 4, in Immobilien Zeitung vom 14.03.2002

Schierenbeck, H. (2001): Betriebliche Finanzprozesse, in Grundzüge der Betriebswirtschaftslehre, 15.Aufl. München 2000

Schroeder, U. Boecke, T. (2003): Immobilienbewertung Teil 2:Käufer Due Diligence: So geht's, in Immobilien Zeitung Nr. 15 vom 17. 07. 2003

Schroeder, U., Boecke, T. (2003): Immobilienbewertung Teil 1:Verkäufer Due Diligence: So geht's, in Immobilien Zeitung Nr. 14 vom 03. 07. 2003

Scott, C. (2002): Organisatorische Aspekte der Due Diligence, in Due Diligence in der Praxis, (Hrsg.: C.Scott), Wiesbaden 2002

Thomas, M. u.a. (2000): Immobilienbewertung in Immobilienökonomie Band I, (Hrsg. KW Schulte), 2. Aufl. Oldenburg 2000

Väth, A., Hoberg, W. (1998): Qualitative Analyse von Immobilieninvestitionen, in Handbuch Immobilien Investition, (Hrsg. Schulte, K.W./Bone-Winkel, S./Thomas, M.), Köln 1998

Vogler, J.H. (1998): Risikoerkennung, -messung und -steuerung für Immobilieninvestoren, in Handbuch Immobilieninvestition

(Hrsg. Schulte/Bone-Winkel/Thomas), Köln 1998

Welling, P. (1997): Portfolio-Management für Immobilien, in das große Handbuch Immobilien-Management, (Hrsg. Falk, B.), Landsberg/Lech 1997

Wöhe, G. (2000): Investition und Finanzierung, in Einführung in die Allgemeine Betriebwirtschaftslehre, 20. Aufl. München, 2000